make it nice

Alex Kumptner

ALEX KOCHT

ALEXANDER KUMPTNER

Meine All-time Favourites

Es gibt eine Handvoll Grundrezepte, die begleiten mich schon mein ganzes Koch-Leben lang. Warum ich sie so toll finde? Sie lassen sich unglaublich vielfältig einsetzen und immer wieder neu kombinieren. Grund genug, sie zu lieben, oder?!

Kochen ist wirklich einfach, wenn man ein paar Tricks und Kniffe kennt. Daher habe ich euch bei jedem meiner Rezepte den sogenannten **# Knackpunkt** hervorgehoben. Das ist die Stelle im Rezept, die darüber entscheidet, ob das Ergebnis am Ende perfekt ist – oder ob man's beim nächsten Mal besser machen möchte.

Kochen macht glücklich

Als Profikoch werde ich nicht selten gefragt: Was bedeutet Kochen für dich? Was macht deinen Kochstil aus? Und irgendwie habe ich gar keine eindeutige Antwort drauf. Aber ich kann versuchen, es in ein paar Punkten zu beschreiben.

Kochen ist für mich reine Emotion. Wenn ich gut drauf bin, kocht es sich automatisch besser, egal, wie professionell man ist oder was man gelernt hat.

Es kommt auf Authentizität an. Ja, ich habe von großartigen Köchen gelernt, Sternerestaurants besucht, fantastisch gegessen und mich trotzdem immer wieder gefragt: Wieso schmeckte die Tomatensauce zur Pasta in der Trattoria in Italien, in der ich so oft im Urlaub mit meinen Eltern gegessen hatte, besser als nahezu jede, die ich im Laufe meiner Karriere selbst zubereitet hatte? Also bin ich wieder nach Triest gefahren, habe in der Trattoria meiner Kindheitsträume gefragt, ob ich mich mit in die Küche stellen und sehen darf, wie die Kollegen kochen. So konnte ich die Techniken, die ich in der gehobenen Gastronomie gelernt hatte, verschmelzen lassen mit dem Gedanken, ein scheinbar simples Gericht möglichst authentisch auf den Tisch zu bringen. Gleiches habe ich in anderen Teilen der Welt wiederholt. Daher auch die vielen internationalen, besonders asiatischen Einflüsse in meiner Küche.

Das kochen, wofür Zeit ist. Ich glaube, das kann auch jeder nachvollziehen, der oder die selbst für sich oder die Familie kocht. Wer von der Arbeit nach Hause kommt, hat nicht die Zeit und die Ruhe, vielleicht auch nicht so die Laune, etwas Kompliziertes auf den Tisch zu bringen. Am Wochenende hingegen läuft es meist etwas entspannter ab, man hat weniger Zeitdruck, schon das Einkaufen wird nicht so anstrengend. Vielleicht beginnt man den Samstag mit einem Besuch auf dem Wochenmarkt? Und freut sich dann darauf, mit mehr Muße und innerer Ruhe auch etwas aufwendigere Gerichte zu kochen.

**Man könnte aber auch sagen:
Das Wichtigste am Kochen ist, dass man andere Menschen damit glücklich macht.**

Dann ist man selbst nämlich automatisch auch glücklich. Ich kann dem Gast im Restaurant viele Gerichte auf den Tisch stellen, bei denen sich ein jeder die Finger hinterher ableckt, weil man nicht genug davon kriegen kann. Ob der Gast das nachher zu Hause nachkochen kann oder überhaupt mag, weil es so komplex ist, voller Zutaten und schwer nachvollziehbarer Schritte, mag ich bezweifeln. In diesem Buch geht es daher eher darum, dass man keine Angst vor irgendeinem Rezept haben muss, wenn man es richtig macht, richtig kombiniert, dann garantiere ich 100-prozentige Geschmackserlebnisse.

Emotion, Authentizität, Zeit und Glücklichmachen. Lasst euch ein auf meine Art zu kochen!

Euer Alex

Ich — schon als Sechsjähriger konzentriert am Werk

Meine Küchen-Basics

Das Wichtigste auf einen Blick

Es gibt Dinge, auf die eine gute Küche aufgebaut ist. Gutes Equipment gehört dazu. Dafür müsst ihr euch aber nicht in Unkosten stürzen. Denn wie so oft im Leben gilt auch hier: Weniger ist mehr. Eine Pfanne, zwei unterschiedlich große Töpfe, ein scharfes Messer, ein Brett, vielleicht noch ein Stabmixer – und ihr könnt (fast) alle meine Rezepte kochen! Dazu gibt es bestimmte Zutaten, die ich immer im Vorrat habe. Warum? Weil man mit ihnen auf die Schnelle und zu jedem Anlass was Leckeres zaubern kann. Neugierig? Dann einfach umblättern!

Meine *Vorrats-Lieblinge*

Komme, was da wolle, bestimmte Zutaten habe ich einfach immer zu Hause. Mit ihnen bin ich zu jeder Tages- und Nachtzeit für diverse leckere Gerichte gerüstet, ohne extra zum Supermarkt pilgern zu müssen.

Zwiebeln

Ohne sie geht (fast) nix. Zwiebeln verleihen mit ihrem süßlichen Geschmack ein rundes Grundaroma. Besonders vorteilhaft ist das in Kombis, die reichlich Fruchtsäure enthalten, wie zum Beispiel Tomatensaucen. Zwiebeln sorgen aber auch für Bindung – in Suppen, Saucen und in Gulasch.

Knoblauch

Er ist ein echter Turbo-Boost für Pesto, Brotaufstriche, pikante Eierspeisen – und natürlich für Pastagerichte, siehe mein Lieblings-Turbo-Essen Papas aglio e olio (siehe S. 77).

Chilis

Schärfe verleiht Pep und davon kann man nie genug haben! Deshalb sind Chilis bei mir in vielen Gerichten einfach ein Muss.

Butter

Sie ist ein wunderbarer aromatischer Geschmacksträger und unverzichtbar für einen cremigen Risotto oder eine Zitronensauce zu Pasta. Falls der Kühlschrank nichts mehr hergibt, kann man daraus mit Kräutern und Knoblauch im Nu einen genialen Brotaufstrich auftischen.

Öl

Ich habe immer ein paar Öle im Schrank. Olivenöl ist mein Favorit, wenn es um grüne Salate, Pasta und Gemüsegerichte geht. Neutrales Öl nehme ich zum Ausbacken und als Begleitung, wenn aromatische Öle die Hauptrolle übernehmen, etwa Kürbiskern-, Trüffel- oder Sesamöl.

Essig

Mein Allrounder ist Balsamico bianco. Er ist hell, verfärbt also nicht die Speisen, und hat eine angenehme Restsüße. Für eine asiatische Note nehme ich Sushi- oder Reisessig. Verträgt der Salat Farbe, wie Rote-Bete- oder Linsensalat, darf es der kräftigere dunkle Aceto balsamico sein.

Tomaten

Sie sind das vielfältigste Gemüse überhaupt, können roh oder gekocht verwendet werden und schmecken allen.

Pinienkerne

Ich röste sie stets goldbraun, dann bekommen sie ein wunderbares nussiges Aroma. Sie peppen Nudelgerichte, Salate und Pestos auf.

Eier

Gebacken, gebraten, pochiert, für Saucen ... Oder wenn einem spontan nach einer Mehlspeise ist (ganz wichtig für uns Österreicher).

Sahne

Sie verleiht Gerichten eine feine Cremigkeit. Zu viel davon toppt aber andere Aromen.

Gewürze, Würzsaucen & Kräuter

Salz und Pfeffer natürlich; Sriracha- und Sojasauce für eine Asia-Note. Frisches Grün auf der Fensterbank ist für mich ein Muss.

Pasta & Reis

Damit ist man immer gewappnet für ein schnelles Nudel- oder Risottogericht.

Meine Küchenhelfer

Messer, Brett, Topf und Pfanne, mehr braucht es eigentlich nicht zum Kochen. Ein paar zusätzliche Utensilien erleichtern jedoch die Arbeit – und machen einfach Spaß. Hier habe ich meine Favorites aufgelistet. Wenn ihr eure Küche damit ausstattet, dann steht dem Kochspaß nichts mehr im Weg.

Messer & Brett

Ein massives Brett und ein scharfes Messer sind die halbe Miete. Ein guter Allrounder ist ein Kochmesser mit mindestens 16 bis 23 cm Klingenlänge. Mit einem kleinen Schälmesser geht einem das Gemüseputzen leicht von der Hand.

Siebe

Zwei Siebe braucht der Mensch: ein grobes zum Abseihen von Pasta, ein feines für Saucen sowie zum Abhängen von Quark und Ricotta.

Wer sagt denn, dass man für Kuchen unbedingt eine Springform braucht? Auch in einer ofenfesten Pfanne kann man die tollsten Kuchen backen – einfach vorher mit Backpapier auslegen oder mit Butter einfetten.

Pfannen & Töpfe

Es muss nicht immer High End sein. Auch preiswerteres Kochgeschirr erfüllt seinen Zweck.

Pfanne

In einer beschichteten Pfanne kann man fast alles brutzeln. Gut, wenn man zudem eine Kasserolle (hohe Pfanne) hat, sie ist ideal für kleinere Schmorgerichte.

Luxus

Eine Grillpfanne macht auf Fleisch, Würsten und Gemüse schöne dunkle Streifen. Eine gusseiserne Pfanne ist der Rolls-Royce fürs Steakbraten.

Topf für Pasta

Für Pasta legt man sich den größten Topf zu, den man finden kann. Darin können die Nudeln frei schwimmen und kleben nicht zusammen.

Schmortopf

Zum Schmoren von Gulasch und Braten braucht man einen großen Schmortopf – idealerweise aus Gusseisen, dann wird die Wärme gleichmäßig verteilt.

Auflaufform

Mit einer großen Auflaufform ist man gut gerüstet für Gratins, Scheiterhaufen und Schinkenfleckerl. Ob aus Keramik, Porzellan, Emaille oder Edelstahl Überbackenes gelingt in allen Formen gut, vorausgesetzt, man hat sie gut eingefettet. Es lohnt sich, beim Kauf auf Qualität zu achten, so eine Ofenform muss ja auch mal superheiße Grillhitze aushalten. Nice to have, aber kein Muss für die Alltagsküche: kleine Förmchen, in denen man Crème brulée, Crumbles und Co. zubereiten kann.

Nudelholz oder Nudelmaschine?

Ich bin bekanntermaßen ein großer Fan von selbst gemachter Pasta. Perfekt ausgerollten Teig garantiert eine Nudelmaschine. Aber mit etwas Übung kriegt man kleinere Teigportionen auch mit einem Nudelholz gleichmäßig dünn. Vorzugsweise sollte es aus Holz sein. Ein Nudelholz braucht man auch zum Ausrollen von Mürbeteig, Hefeteig, Strudelteig ... Für eine Pastateigmenge ab vier Personen setze ich allerdings auf die Nudelmaschine, weil es mir sonst einfach zu lange dauert.

★ *Kork & Kapsel* ★

Natürlich dürfen in der Küche Korkenzieher und Kapselheber nicht fehlen, um Wein-, Bier- und Limoflaschen zu Leibe zu rücken.

#

Elektro-Power

Riesige Küchenmaschinen braucht es nicht, aber ein bisschen Geräteunterstützung darf man sich gönnen.

Stabmixer

Pürieren von Suppen, Saucen und Dips – ohne Stabmixer geht nichts. Suppen kann man gleich im Kochtopf glatt mixen, für kleinere Mengen, etwa für Pesto oder Dips, ist jedoch ein hoher Rührbecher nötig, damit man alles erwischt und die Zutaten nicht durch die Küche fliegen.

Handrührgerät

Beim Aufschlagen von Eischnee sowie bei der Zubereitung von Rühr- und Hefeteigen spart ein Handrührgerät Zeit und Muskelkraft. Eine Rührschüssel aus Kunststoff oder Edelstahl ist dafür angesagt.

Werkzeuge: klein, aber oho!

Kochlöffel: zum Rühren, aber auch zum Kosten oder als Haken fürs Hantieren im Backofen geeignet.

Schneebesen: zum Rühren und Aufschlagen von Saucen, Marinaden und flüssigen Teigen. Wählt unbedingt einen aus Metall, Kunststoff biegt sich und wird schnell porös.

Pfannenwender oder Winkelpalette: zum Wenden von Bratgut; mit der Winkelpalette kann man dicht am Pfannenrand arbeiten.

Reibe: Natürlich braucht man eine Reibe für Parmesan, aber sie eignet sich auch für Zitrusfrüchte und zum Zerbröseln von Brot.

Ganz oder ...

... gar nicht! Entweder mahle ich Pfeffer frisch aus der Mühle oder ich verzichte darauf. Bei gemahlenem Pfeffer ist das Aroma bereits verflogen. Mit der Mühle kann ich zudem den Mahlgrad einstellen – fein gemahlen bis grob geschrotet.

Snack Attack

Wenn der kleine Hunger kommt

Snack Attack ist ein feststehender Begriff in meinem Freundeskreis, und wenn einer von uns davon spricht, wissen alle anderen, was gemeint ist. Man ist auf einer Party gewesen, im Kino oder Theater, es ist spät geworden, man kommt nach Hause, hat noch Bock auf irgendeine Kleinigkeit. Oder einen überkommt der kleine Hunger zwischen zwei Hauptmahlzeiten. Dann sollte man nicht irgendetwas in sich reinhauen, sondern seinen Appetit auf leckere Weise befriedigen. Das meiste lässt sich übrigens auch ohne zu viel Aufwand für eine Party vorbereiten. Und wenn was über ist, helfen zumindest mir diese Gerichte am nächsten Morgen hervorragend über einen leichten Kater hinweg.

Bruschetta mit Carpaccio
vom Rinderfilet und Pfirsich

Bruschetta ist einfach schnell gemacht und man kann unbeschreiblich gut damit herumexperimentieren. Besonders, solange man die kulinarischen Grundregeln im Kopf behält: knusprig + salzig oder deftig + süß oder sauer = großartig. Das Brot ist knusprig, das Fleisch gibt das Salzig-Herbe, der Pfirsich (wenn er denn eine schöne Reife hat) die Süße.

Für 4 Personen

180 g Rinderfilet
Salz
Pfeffer aus der Mühle
2 EL Olivenöl
1 Ciabatta
1 Pfirsich
120 g Rucola
4 EL Balsamico bianco
4 EL Pesto (siehe S. 107)

Fruchtwechsel

Schmeckt auch lecker mit Orangenfilets oder Birnenscheiben.

Zubereitung

Das Rinderfilet in dünne Scheiben schneiden, zwischen zwei Bögen Frischhaltefolie oder Backpapier legen und mit dem Plattiereisen oder einem schweren Topf sehr dünn klopfen.

Knackpunkt: Filetscheiben vorsichtig von innen nach außen klopfen. Das Fleisch soll schön dünn werden, aber nicht zerfasern, sondern noch etwas Biss haben.

Die Fleischscheiben leicht mit Salz und Pfeffer würzen und mit ein paar Tropfen Olivenöl bestreichen.

Das Ciabatta in etwa 1 cm dicke Scheiben schneiden und toasten (alternativ in einer Pfanne auf beiden Seiten goldbraun rösten).

Den Pfirsich waschen oder nach Belieben mit dem Sparschäler schälen. Dann mit dem Sparschäler oder dem Gemüsehobel in feine Scheiben schneiden. Den Rucola verlesen, waschen und trocken schleudern, grobe Stiele entfernen. Den Essig, das restliche Olivenöl, Salz und Pfeffer in einer Schüssel verrühren und den Rucola mit der Vinaigrette mischen.

Die gerösteten Brotscheiben mit dem Pesto bestreichen und den Rucola darauf verteilen. Das Rindercarpaccio und die Pfirsichscheiben daraufsetzen.

Zubereitungszeit ca. 20 Min.

Gefüllte Avocado

Bei meinen Restaurant-Stationen habe ich immer eine etwas komplizierte Version dieses Gerichts auf die Karte gebracht. Oft als kleinen vegetarischen Gruß aus der Küche. Die Avocado ist auch so ein wundervolles Ding, das – wäre ich Vegetarier – bei mir besonders oft auf den Teller kommen würde. Sie muss nur reif und von einer guten Sorte sein. Denn dann hat sie einen Körper, eine Struktur, die besonders in der Kombination mit den Tomaten fantastisch ist.

Für 4 Personen

1 Zwiebel
1 Knoblauchzehe
1 rote Paprikaschote
1 gelbe Paprikaschote
½ rote Chilischote
¼ Zucchini (ca. 60 g)
4 EL Olivenöl
2–3 EL Tomatenmark
100 ml Gemüsebrühe
Salz
Pfeffer aus der Mühle
2 Avocados
½ Bund Basilikum
1 Spritzer Balsamico bianco
abgeriebene Schale von
1 Bio-Zitrone

Zubereitung

Die Zwiebel und den Knoblauch schälen und in feine Würfel schneiden. Die Paprikaschoten und die Chilischote längs halbieren, entkernen, waschen und in kleine Würfel schneiden. Die Zucchini waschen und ebenfalls in kleine Würfel schneiden.

In einer Pfanne 3 EL Olivenöl erhitzen und die Zwiebel darin bei mittlerer Hitze anschwitzen. Knoblauch und Chili kurz mitschwitzen. Die Paprika dazugeben und bei starker Hitze anbraten. Dann die Zucchini untermischen und kurz mitbraten. Das Tomatenmark dazugeben und unter Rühren kurz anrösten.

Knackpunkt: Tomatenmark schmeckt etwas kantig und säuerlich. Erst beim Rösten entfaltet es sein sanftes, süßliches Aroma. Aber bitte nicht zu stark rösten, sonst wird es bitter.

Die Brühe angießen und alles etwa 3 Minuten köcheln lassen. Mit Salz und Pfeffer kräftig würzen.

Die Avocados halbieren und jeweils den Stein entfernen. Die Avocadohälften schälen und das Fruchtfleisch mit Salz würzen. In einer beschichteten Pfanne das restliche Olivenöl erhitzen und die Avocados darin auf beiden Seiten anbraten.

Das Basilikum waschen, trocken schütteln, die Blätter abzupfen und fein hacken. Das Basilikum, den Essig und die Zitronenschale unter das Paprikagemüse mischen. Das Gemüse in die Avocadohälften geben und diese sofort servieren.

Zubereitungszeit ca. 25 Min.

Crispy Shrimpssalat

mit Sambalcreme

Steht was Knuspriges auf dem Tisch, greifen alle gerne zu. Sambal hat eine etwas säuerliche Schärfe und die passt hier einfach perfekt zu der asiatischen Panade, in die die weichen Garnelen gehüllt sind. Ein Urlaub-pur-Gericht. Man sitzt auf seinem Balkon und denkt, man sei irgendwo an einem Hafen im Süden. Herrlich.

Für 4 Personen

Für die Sambalcreme:
1 Eigelb
4 EL Reisessig
110 ml Öl
2–3 TL Sambal Oelek
Salz
1 Bund Schnittlauch

Für den Salat:
6 Salatherzen
1 Bio-Zitrone
8 EL Reisessig
2 TL Honig
1 Spritzer Sesamöl

Für die Garnelen:
1 Eigelb
100 g Mehl
700 g Garnelen (geschält)
ca. ½ l Öl zum Frittieren

Zubereitung

Für die Sambalcreme das Eigelb und den Essig in einem hohen Rührbecher mit dem Stabmixer verrühren. Das Öl nach und nach dazugeben und mixen, bis eine cremige Mayonnaise entsteht. Die Creme mit Sambal und Salz würzen. Den Schnittlauch waschen, trocken schütteln und in Röllchen schneiden.

Für den Salat die Salatherzen putzen, waschen und trocken schütteln, halbieren und quer in breite Streifen schneiden. Die Zitrone heiß waschen und trocken reiben, die Schale abreiben und den Saft auspressen. Zitronenschale, -saft, Essig, Honig und Sesamöl in einer Schüssel verrühren.

Für die Garnelen Eigelb, Mehl und 200 ml eiskaltes Wasser zu einem glatten Teig verrühren. Die Garnelen am Rücken entlang einschneiden und den Darm entfernen. Garnelen waschen und trocken tupfen. In einem weiten Topf das Öl auf 180 °C erhitzen. (Die Temperatur ist erreicht, wenn an einem hineingehaltenen Holzlöffelstiel Bläschen entstehen.)

 # Knackpunkt: Die richtige Temperatur ist das A & O beim Frittieren. Deshalb unbedingt die Bläschenprobe machen und nicht zu viele Garnelen auf einmal frittieren, sonst sinkt die Öltemperatur.

Die Garnelen durch den Teig ziehen und im Öl portionsweise etwa 3 Minuten goldbraun frittieren. Mit dem Schaumlöffel herausheben und auf Küchenpapier abtropfen lassen.

Den Salat mit der Vinaigrette mischen, in tiefe Teller verteilen und die Garnelen daraufsetzen. Die Sambalcreme mit dem Schnittlauch bestreuen und dazu servieren.

Zubereitungszeit ca. 25 Min.

★ *Bequem* ★

Besonders fix geht es mit tiefgekühlten Garnelen, da diese in der Regel schon entdarmt sind.

Griechisches Bauernsalat-Sandwich

mit Grapefruit

Auch wenn der Feta vielleicht einen etwas höheren Fettgehalt hat: Bevor man sich ein Brötchen mit Butter schmiert, Schinken und ein paar Scheiben Gouda draufhaut, kann man sich auch schnell so ein gesundes, aromatisch ausbalanciertes Sandwich gönnen. Es braucht nur fünf Minuten mehr!

Für 4 Personen

1 rote Paprikaschote
½ Bio-Salatgurke
½ rote Zwiebel
10 Cocktailtomaten
1 Bund Basilikum
2 EL Pinienkerne
1 Grapefruit
Salz
Pfeffer aus der Mühle
4 EL Balsamico bianco
7 EL Olivenöl
1 Ciabatta
1 Knoblauchzehe
200 g Schafskäse (Feta)

Restlos lecker

Ich mache das Sandwich auch oft mit Ciabatta oder Brot vom Vortag.

Zubereitung

Die Paprika längs halbieren, entkernen, waschen und in feine Streifen schneiden. Die Gurke waschen, längs halbieren und die Kerne mit einem Löffel entfernen. Die Gurke in feine Scheiben schneiden. Die Zwiebel schälen und in feine Streifen schneiden. Die Tomaten waschen und halbieren. Das Basilikum waschen, trocken schütteln und samt Stielen in Streifen schneiden.

Die Pinienkerne in einer Pfanne ohne Fett goldbraun rösten. Die Grapefruit mit einem scharfen Messer so großzügig schälen, dass auch die weiße Haut mit entfernt wird. Die Filets zwischen den einzelnen Trennhäuten herausschneiden. Das Gemüse mit Basilikum, Pinienkernen und Grapefruit in einer Schüssel mischen und mit Salz, Pfeffer, Essig und 4 EL Olivenöl mischen.

Das Ciabatta in 2 cm dicke Scheiben schneiden. In einer beschichteten Pfanne 2 EL Olivenöl erhitzen und das Ciabatta darin auf beiden Seiten knusprig braten. Den Knoblauch längs halbieren und das geröstete Brot damit auf beiden Seiten einreiben.

Das Brot auf Teller verteilen, den Salat darauf anrichten und den Feta darüberbröseln. Den Salat mit dem restlichen Olivenöl beträufeln und die Sandwiches sofort servieren.

Knackpunkt: den Salat erst ganz kurz vor dem Servieren aufs Brot geben. So bleibt es knusprig und weicht nicht durch.

Zubereitungszeit ca. 20 Min.

Süßsaure Knusper-Kohlsprossen

So was steht ganz oben in meiner Küche. Ich habe ein ähnliches Gericht mal irgendwo in einem Restaurant gegessen und mich gefragt: Wieso schmeckt das so gut? Und meine Analyse mag vielleicht einen Schreck auslösen: Wenn die Kohlsprossen leicht angebrannt sind und so Kohlsprossenröstaromen entwickelt haben, dann schmecken sie einfach unvergleichlich zu allem anderen, was man so essen kann.

Für 4 Personen

500 g Kohlsprossen (Rosenkohl)
2 EL Öl
Salz
1 Bund Koriandergrün
5 EL Sojasauce
2 EL Honig
5 EL Sushi-Essig
Saft von 1 Zitrone
1 TL Srirachasauce
1 Spritzer Sesamöl
1 TL helle Sesamsamen
35 g geröstete Erdnusskerne

Zubereitung

Den Backofen auf 220 °C vorheizen. Die Kohlsprossen putzen, waschen und halbieren, in einer Schüssel mit dem Öl und etwas Salz mischen. Dann auf einem mit Backpapier ausgelegten Backblech verteilen und im Ofen etwa 15 Minuten dunkelbraun garen.

Knackpunkt: Nur wenn die Kohlsprossen richtig dunkelbraun geröstet sind, schmecken sie aromatisch und leicht süßlich. Wichtig: Der Backofen muss gut vorgeheizt sein, sonst werden die Röschen zu weich, während sie bräunen.

Das Koriandergrün waschen und trocken schütteln, die Blätter abzupfen und fein hacken. Dann mit Sojasauce, Honig, Essig, Zitronensaft, Srirachasauce, Sesamöl und etwas Salz zu einem Dressing verrühren. Die Sesamsamen in einer kleinen Pfanne ohne Fett rösten, bis sie duften. Die Erdnüsse grob hacken.

Die Kohlsprossen auf Teller verteilen und kurz vor dem Servieren mit der Marinade übergießen. Mit den Erdnüssen und den Sesamsamen bestreut servieren.

Schwimmend garen: Wer mag, kann die Kohlsprossen auch frittieren. Dafür etwa 1 l neutrales Öl in einem weiten Topf auf 180 °C erhitzen. (Die Temperatur ist erreicht, wenn an einem hineingehaltenen Holzlöffelstiel Bläschen entstehen.) Die Kohlsprossen im Öl dunkelbraun frittieren. Mit dem Schaumlöffel herausheben und auf Küchenpapier abtropfen lassen.

Zubereitungszeit ca. 25 Min.

Ceviche-Sandwich

mit Avocado und Kräutersalat

Noch ein Sandwich, mag man denken. Aber auch hier gilt: Einem guten Fisch in toller Qualität kann eigentlich nichts Besseres passieren, als nach seinem Ableben als Ceviche zu enden. Und in Sandwichform bekommt ein Ceviche dann eine Knusprigkeit an die Hand, die es, wie ich finde, perfektioniert.

Für 4 Personen

200 g Fischfilet (Sushi-Qualität; z.B. Kabeljau, Goldbrasse oder Wolfsbarsch)
2 Bio-Limetten
10 EL Olivenöl
2 Avocados
Salz
Pfeffer aus der Mühle
8 EL Balsamico bianco
½ Granatapfel
4 große Scheiben altbackenes Brot (ca. 2 cm dick)
½ Bund Petersilie
½ Bund Basilikum

Zubereitung

Den Fisch waschen, trocken tupfen, in etwa ½ cm dicke Scheiben schneiden und in eine Schüssel geben. Die Limetten heiß waschen, trocken reiben und die Schale fein abreiben (1 TL zum Garnieren beiseitestellen). Limetten halbieren und den Saft auspressen. Den Limettensaft mit dem Fisch mischen. Nach 10 bis 15 Minuten den Fisch aus der Schüsselnehmen und in einer zweiten Schüssel mit der Limettenschale und 5 EL Olivenöl marinieren.

Knackpunkt: Nach 8 bis 10 Minuten beginnt der Fisch zu garen, das heißt, die Zitrussäure denaturiert sein Eiweiß, es wird weiß. Gart der Fisch zu lange, wird er trocken – das ist wie beim Garen durch Hitze. 15 Minuten sind das Maximum für ein Bad in Limettensaft.

Die Avocados halbieren und jeweils den Stein entfernen. Die Avocadohälften schälen, das Fruchtfleisch in dünne Scheiben schneiden und in einer Schüssel mit Salz, Pfeffer und 5 EL Essig marinieren. Die Granatapfelhälfte anbrechen und mit einem schweren Messergriff daraufklopfen, bis die Kerne herausfallen.

In einer Pfanne 2 EL Olivenöl erhitzen und das Brot darin auf beiden Seiten knusprig braten. Die Kräuter waschen und trocken schütteln, die Blätter abzupfen, grob schneiden und mit den Granatapfelkernen, dem restlichen Essig und dem übrigen Olivenöl in einer Schüssel mischen.

Das Brot nach Belieben halbieren oder vierteln. Die Avocados auf die Brote verteilen, die Fischscheiben und den Kräutersalat daraufgeben. Die Brote mit der restlichen Limettenschale bestreuen.

Zubereitungszeit ca. 20 Min. Marinierzeit ca. 15 Min.

Basic No. 1

Mayo & Dressings

„Alles andere als Schaumschlägerei!“

Mayo & Dressings

Keine Angst vor Mayo! Sie ist nicht kompliziert und wirklich im Nu zubereitet. Eine gute Mayo ist eine wunderbare Basis für Saucen und Aufstriche. Ich verwende deshalb immer ein gutes Öl dafür, genauso wie für Salatdressings. Hier findet ihr meine Lieblingssalatsaucen, die im Handumdrehen gemixt sind.

Mayonnaise

Für 150 g

+ 1 frisches Eigelb
+ 3 EL Balsamico bianco
+ 1 TL Dijon-Senf
+ Salz
+ Pfeffer aus der Mühle
+ 110–120 ml neutrales Öl

Zubereitung

Eigelb, Essig, Senf und Gewürze in einem hohen Rührbecher mit dem Stabmixer verrühren. Nach und nach so viel Öl untermixen, bis die Mayonnaise die gewünschte Konsistenz hat.

Knackpunkt: Durch Rühren entsteht Hitze. Deshalb die Mayo nicht unnötig lange rühren, sonst werden die Zutaten warm und die Mayo gerinnt!

So funktioniert es auch: alle Zutaten auf einmal in den Rührbecher geben und mit dem Stabmixer aufschlagen, dabei den Mixstab von unten nach oben ziehen. Voraussetzung: Die Eier sollten unbedingt Kühlschranktemperatur haben.

Turbo-Mayo-Saucen

AIOLI: einfach etwas klein gehackten Knoblauch unter die Mayo mischen.

MILDE AIOLI: den Knoblauch in etwas Olivenöl im Backofen etwa 30 Minuten hellbraun und weich schmoren, zerdrücken und unter die Mayo mischen.

TONNATO-SAUCE: die Mayo und eingelegten Thunfisch mit dem Stabmixer fein pürieren. Diese Sauce passt nicht nur zu Kalbfleisch (Vitello tonnato), sondern auch auf Sandwiches.

SRIRACHA-MAYO: ein wenig Srirachasauce unter die Mayo rühren – ein super Begleiter zu Tacos und Sandwiches.

CHILI-MAYO: die Mayo mit klein gehackter Chilischote verrühren, fertig ist eine peppige Sauce zu crispy Shrimps.

CURRY-MAYO: Mit Currypulver wird Mayo zum Garnelen-Dip.

ZITRUS-MAYO: fein geriebene Bio-Zitronenschale oder, ganz edel, Bio-Grapefruitschale unter die Mayo mischen und zu Calamaretti genießen.

Hilfe!

Panne Nr. 1: Die Mayo **gerinnt**! Mixt einen Eiswürfel oder ein weiteres Eigelb unter die Sauce.

Panne Nr. 2: Die Mayo **bleibt flüssig**! Mixt weiteres Öl unter.

Basic-Salatdressing

Für ca. 100 ml

+ *4 EL Balsamico bianco* (oder dunkler Balsamico)
+ *1 Msp. Dijon-Senf*
+ *Salz*
+ *Pfeffer aus der Mühle*
+ *Zucker*
+ *6 EL Olivenöl*

Steirisches Salatdressing

Für ca. 100 ml

+ *4 EL Balsamico bianco* (oder dunkler Balsamico)
+ *1 TL Honig*
+ *1 Msp. Estragonsenf*
+ *Salz*
+ *Pfeffer aus der Mühle*
+ *5 EL steirisches Kürbiskernöl*

Asia-Salatdressing

Für ca. 100 ml

+ *2 EL Reisessig*
+ *1 EL Sojasauce*
+ *1 TL Honig*
+ *1 TL Srirachasauce*
+ *1 Spritzer geröstetes Sesamöl*
+ *4 EL Sonnenblumenöl*
+ *1 EL gehackte Korianderblätter*

Zubereitung

Für die Salatdressings jeweils alle Zutaten in einer Salatschüssel mit dem Schneebesen sämig verquirlen.

Knackpunkt: das Öl stets gründlich unterschlagen, bis eine Emulsion entsteht, das heißt, bis es sich mit dem Essig und den Gewürzen gut verbindet.

Salatdressing auf Vorrat: die x-fachen Zutaten des gewünschten Dressings (ohne Kräuter) in ein Schraubglas oder eine Glasflasche geben und shaken. Die Dressings halten sich im Kühlschrank ein paar Wochen. Nur die Kräuter jeweils frisch in den Salat geben.

Essig & Öl

Hier zählt die Qualität! Aromatische Essige und Öle sind das i-Tüpfelchen nicht nur in Dressings und Saucen, sondern in allen Gerichten. Wie schön, dass es für jeden Einsatz die richtige Würze gibt.

Balsamico

Für die meisten Salate nehme ich den weißen Balsamicoessig, weil er nicht verfärbt und eine gut eingebundene Säure hat. Dunkler Balsamicoessig ist für kräftige Salate, etwa mit Roter Bete, oder für Linsengerichte geeignet.

Asia-Essige

Für asiatische Gerichte verwende ich Reisessig, weil er schön rund ist mit einem fernöstlichen Touch. Sushi-Essig ist ideal für das Marinieren von Fisch und für Kräutersalate in der Asia-Küche.

Olivenöl

Für Salate und zum Drüberträufeln bin ich verschwenderisch und nehme ein Olivenöl von richtig guter Qualität. Lieber spare ich beim Bratöl. Es darf günstig sein, denn Hitze zerstört einen Teil der Aromen und der wertvollen Inhaltsstoffe.

Neutrale Öle

Sonnenblumen- und Rapsöl sind meine Favoriten, wenn das Aroma des Öls zurückhaltend sein soll, wie in Kartoffelsalaten, in der Mayo oder bei Asia-Gerichten – und natürlich auch beim Frittieren.

Low-Carb-Tacos

Hilfe! Hat der Kumptner nicht schon des Öfteren gesagt, dass ihm solche Schlagworte wie Low-Carb-Diäten auf die Nerven gehen? Ja, ja. Stimmt schon. Aber das hier ist unkompliziert und dank der Füllung keine Bombe. Und im Übrigen ist es kein Problem, hier zu einer Fertigmayonnaise zu greifen.

Für 4 Personen

Für das Hackfleisch:
2 Zwiebeln
2 Knoblauchzehen
1 Stück Ingwer (ca. 3 cm)
1 Bio-Zitrone
2 EL Öl
250 g gemischtes Hackfleisch (Rind und Schwein)
Salz • Pfeffer aus der Mühle
1 EL Tomatenmark
2 TL Sambal Oelek
ca. 3 EL Sojasauce
1 TL Honig
1 Msp. Zimtpulver
1 Msp. Kardamompulver
100 ml Gemüsebrühe

Außerdem:
4 Salatherzen
1 Bund Schnittlauch
50 g Mayonnaise (Fertigprodukt oder selbst gemacht, siehe S. 28)
1 TL Srirachasauce
2 EL Sushi-Essig

Zubereitung

Für das Hackfleisch Zwiebeln, Knoblauch und Ingwer schälen und in feine Würfel schneiden. Die Zitrone heiß waschen, trocken reiben und die Schale fein abreiben. Das Öl in einer Pfanne erhitzen und die Zwiebeln darin anschwitzen. Knoblauch und Ingwer hinzufügen und 2 bis 3 Minuten braten. Hackfleisch bei starker Hitze mitbraten. Mit Salz und Pfeffer würzen und weiterbraten, bis das Wasser verdampft ist.

Knackpunkt: Nach dem Salzen des Hackfleischs tritt Wasser aus. Deshalb erst würzen, nachdem es scharf angebraten ist – nur so können aromatische Röstaromen entstehen.

Das Tomatenmark etwa 2 Minuten mitrösten. Sambal Oelek, Sojasauce, Honig, Zimt, Kardamom, Zitronenschale sowie Brühe hinzufügen und das Hackfleisch köcheln, bis die Flüssigkeit verdampft ist.

Die Salatherzen putzen, waschen und trocken schütteln. Den Strunk jeweils keilförmig herausschneiden und den Salat in Tassen stellen. Den Schnittlauch waschen, trocken schütteln und in feine Röllchen schneiden.

Die Mayonnaise mit der Srirachasauce und dem Essig in einem Schälchen verrühren. Das Hackfleisch in der Pfanne mit dem Schnittlauch bestreuen und mit dem Salat und der Mayo servieren. Bei Tisch nimmt man sich jeweils ein Salatblatt, gibt etwas Hack darauf und krönt den „Taco" mit Chili-Mayo.

Zubereitungszeit ca. 20 Min.

★ Snack ++ ★

Hähnchenkeulen sind die perfekte Snack Attack. Ihr könnt sie aber auch als Hauptgericht genießen, serviert einfach Couscous dazu.

Süßsaure Hähnchenkeulen

Brust oder Keule? Meiner Meinung nach fast immer die Oberkeule. Sie ist aromatischer, man kann sie praktischerweise aus der Hand essen und durch den Honig in der Marinade passiert genau das, was wir alle an Hühnerkeulen so lieben: Sie werden im Ofenrohr knusprig, ohne innen auszutrocknen.

Für 4 Personen

4 Hähnchenkeulen
Salz
5 EL Olivenöl
Pfeffer aus der Mühle
1 rote Chilischote
1 Bund Thymian
6 Knoblauchzehen
5 EL Balsamico bianco
5 EL Sojasauce
4–5 EL Honig
150 ml Hühnerbrühe
1 Bio-Zitrone

Zubereitung

Die Hähnchenkeulen waschen, trocken tupfen und mit Salz würzen. In einer Pfanne das Olivenöl erhitzen und die Keulen darin rundherum goldbraun braten. Mit Pfeffer würzen.

Die Chilischote längs halbieren, entkernen, waschen und in feine Würfel schneiden. Den Thymian waschen und trocken schütteln. Den Knoblauch in der Schale andrücken, mit dem Thymian zu den Keulen geben und etwa 2 Minuten mitrösten. Knoblauch und Thymian wieder entfernen.

Die Keulen mit dem Essig ablöschen und die Flüssigkeit einkochen lassen. Sojasauce, Honig, Chili und Brühe dazugeben und aufkochen lassen.

Die Zitrone waschen, trocken reiben und in feine Scheiben schneiden. Die Zitronenscheiben zu den Keulen geben und alles 15 bis 20 Minuten köcheln lassen, bis das Fleisch gar ist und die Sauce eine sirupartige Konsistenz hat.

Knackpunkt: Die Keulen sind gar, sobald sich das Fleisch vom Knochen löst. Ich probiere zwischendurch mit einer Gabel, ob es sich schon abstreifen lässt.

Zubereitungszeit ca. 35 Min.

Comfort Food

Simpel und lecker

Mit dem Essen ist das ja oft so eine Sache. Essen, das man so richtig gern isst, schlägt eben auch gern mal auf die Hüfte. Oder man fühlt sich zumindest hinterher irgendwie ein wenig unwohl.

Die Gerichte hier in diesem Kapitel sollen das Gegenteil bewirken. Gesund sollen sie sein, aber noch wichtiger ist, dass sie dabei auch noch schmecken. Wobei das eine unmittelbar mit dem anderen zusammenhängen kann, da es auch um die Psyche geht: Gutes zu essen, kann einem gute Gefühle bereiten. Wenn es dann noch leicht und schmackhaft ist und trotzdem satt macht, dann muss man kein schlechtes Gewissen haben. Genau das ist für mich Comfort Food.

Spicy Tuna
mit Avocado-Mango-Salat

Spicy Tuna-Sushi ist in L. A. wie ein Curry in Indien: Jeder macht es anders, jeder macht es besonders. So wie hier finde ich es perfekt – meine absolute Lieblingsvorspeise.

Für 4 Personen

Für die Chili-Mayonnaise:
1 Eigelb
½ TL mittelscharfer Senf
Salz • Zucker
1 Spritzer Balsamico bianco
125 ml Öl
1 Msp. Cayennepfeffer
1–2 EL Srirachasauce

Für den Salat:
2 Avocados (Sorte „Hass“)
½ Mango
1 Bio-Zitrone
5 EL Balsamico bianco
Salz • Pfeffer aus der Mühle
Zucker

Für die Papadams:
¼ l Öl
200 g Papadams (Asienladen)

Außerdem:
300 g Thunfisch (Sushi-Qualität)
1 Bio-Zitrone
½ Bund Schnittlauch
4 EL eingelegter Ingwer
(Sushi-Ingwer)

Zubereitung

Für die Chili-Mayonnaise Eigelb, Senf, Salz, Zucker und Essig in einem hohen Rührbecher mit dem Stabmixer verrühren. Das Öl nach und nach untermixen, sodass eine cremige Mayonnaise entsteht. Mit Salz und Cayennepfeffer abschmecken. Die Srirachasauce unterrühren.

Knackpunkt: Alle Zutaten für die Mayo sollten gut kalt sein. So wird sie garantiert schön cremig.

Den Thunfisch waschen, trocken tupfen und in feine Würfel schneiden. Die Zitrone heiß waschen, trocken reiben und die Schale fein abreiben. Schnittlauch waschen, trocken schütteln und in feine Röllchen schneiden. Den Ingwer fein hacken. Den Thunfisch mit der scharfen Mayo, Ingwer, Zitronenschale und Schnittlauch rasch mischen, kühl stellen.

Für den Salat die Avocados halbieren und jeweils den Stein entfernen. Die Hälften schälen und das Fruchtfleisch in Stücke schneiden. Die Mango schälen, das Fruchtfleisch vom Stein und in kleine Würfel schneiden. Die Zitrone heiß waschen, trocken reiben und die Schale fein abreiben. Avocados, Mango, Zitronenschale und Essig mischen. Mit Salz, Pfeffer und Zucker würzen.

Auf die Teller Speiseringe setzen, den Avocado-Mango-Salat darin verteilen und leicht andrücken. Das Thunfisch-Tatar daraufgeben und ebenfalls leicht andrücken. Die Ringe entfernen.

Für die Papadams in einer Pfanne das Öl auf 180 °C erhitzen. (Die Temperatur ist erreicht, wenn an einem hineingehaltenen Holzlöffelstiel Bläschen entstehen.) Die Papadams darin nacheinander etwa 10 Sekunden knusprig backen. Herausnehmen und auf Küchenpapier abtropfen lassen. Zum Spicy Tuna servieren.

Zubereitungszeit ca. 25 Min.

Turbo-Mayo

Wenn ihr beim Mayonnaisezubereiten nicht so versiert seid, gebt am besten alles in einen hohen Rührbecher und mixt es mit dem Stabmixer in Windeseile zu einer Mayonnaise. Schmeckt genauso gut, geht nur schneller – ich mache es häufig auch so.

Burrata mit geschmolzenen Tomaten und Mango-Radicchio-Salat

Oft braucht's nicht mehr. Wenn man einen großartigen Geschmack aus wenigen Zutaten herausholen kann, umso besser. Aus den einreduzierten Tomaten kommt die Süße heraus, der Fruchtzucker tritt in den Vordergrund. Es entsteht fast so etwas wie ein Pizza-Effekt im Verschmelzen der Aromen.

Für 4 Personen

4 Tomaten
2 Knoblauchzehen
8 EL Olivenöl
Salz
Pfeffer aus der Mühle

1 Radicchio
1 Mango
1 Bund Basilikum
3 EL Balsamico bianco
4 Burrata (à ca. 75 g)

Grüner

Wer mag, mischt unter den Radicchio-Salat noch ein paar grüne Blätter, etwa vom Frisée.

Zubereitung

Die Tomaten kreuzförmig einritzen, ein paar Sekunden in kochendes Wasser tauchen und in eiskaltem Wasser abschrecken. Die Haut der Tomaten abziehen und das Fruchtfleisch in grobe Stücke schneiden, dabei die Stielansätze entfernen.

Den Knoblauch schälen. In einem Topf 5 EL Olivenöl bei schwacher Hitze erhitzen und den Knoblauch darin anschwitzen. Die Tomaten dazugeben, mit Salz und Pfeffer würzen. Die Tomaten mindestens 45 Minuten kochen lassen, bis sie zerfallen sind und das Olivenöl sich leicht absetzt. Vom Herd nehmen, abkühlen lassen und mit Salz und Pfeffer abschmecken. Den Knoblauch entfernen.

Knackpunkt: Durch das ausgiebige Köcheln wird die Säure der Tomaten reduziert. Was bleibt, ist purer, süßlicher Tomatengeschmack.

Den Radicchio putzen, waschen und trocken schleudern, dann in mundgerechte Stücke zupfen. Die Mango schälen, das Fruchtfleisch auf den flachen Seiten vom Stein und in Stücke schneiden. Das Basilikum waschen, trocken schütteln und die Blätter abzupfen. Den Essig und das übrige Olivenöl in einer Schüssel mischen. Den Radicchio mit dem Basilikum, der Mango und der Vinaigrette mischen.

Das Tomatenragout auf Teller verteilen, den Mango-Radicchio-Salat und die Burrata daraufgeben. Die Burrata mit Salz und Pfeffer bestreuen. Dazu passt knusprig geröstetes italienisches Landbrot.

Zubereitungszeit ca. 20 Min. Garzeit ca. 45 Min.

Roher Wildlachs
mit Wasabi-Rahmgurken

Ein ganz dankbares Gericht, wenn Gäste kommen. Man kann fast alles vorbereiten, ohne dass Geschmack oder Qualität darunter leiden. Und man selbst steht nicht die ganze Zeit am Herd und bekommt so nichts von seinen Gästen mit.

Für 4 Personen

Für die Rahmgurken:
50 g saure Sahne
50 g griechischer Joghurt
2 Salatgurken
Salz
1 TL Wasabipaste
2 EL Balsamico bianco
Zucker • Pfeffer aus der Mühle

Für die Honigemulsion:
1 Eigelb
1 TL Dijon-Senf
1 EL Honig
1 EL Balsamico bianco
Salz
200 ml Öl

Für den Lachs:
400 g Wildlachs (Sushi-Qualität; dünn aufgeschnitten)
Salz
5 EL Olivenöl
1 Bio-Zitrone

Zubereitung

Für die Rahmgurken saure Sahne und Joghurt in einem Sieb abtropfen lassen. Gurken schälen, längs halbieren und die Kerne mit einem Löffel entfernen. Die Hälften grob raspeln oder in Streifen schneiden, mit 1 EL Salz mischen und etwa 5 Minuten ziehen lassen. Gurkenraspel in einem Küchentuch ausdrücken. Gurken mit saurer Sahne, Joghurt und Wasabipaste mischen. Mit Essig, Salz, Zucker und Pfeffer würzen.

\# **Knackpunkt:** Je besser die Gurken ausgedrückt sind, desto besser werden die Rahmgurken. Die Gurkenraspel also mit reichlich Salz marinieren und in einem Tuch ausdrücken (nicht nur mit den Händen).

Für die Honigemulsion Eigelb, Senf, Honig, Essig und Salz in einem hohen Rührbecher mit dem Stabmixer mischen. Das Öl nach und nach unterschlagen, sodass eine cremige Mayonnaise entsteht.

Für den Lachs den Wildlachs auf einer Platte oder auf Tellern anrichten, mit etwas Salz bestreuen und mit dem Olivenöl beträufeln. Die Honigemulsion daraufträufeln und die Rahmgurken daneben anrichten. Die Zitrone heiß waschen und trocken reiben. Von der Schale mit dem Zestenreißer Streifen abziehen und auf den Lachs streuen. Nach Belieben Pfeffer grob darübermahlen.

Zubereitungszeit ca. 20 Min.

★ *Extra* ★

Beilage gefällig? Dazu schmeckt Weißbrot – nach Gusto frisch oder geröstet.

Seafood-Salat

Diesen Exotik-Salat kann man auch sehr gut mit Garnelen zubereiten. Dafür 12 Garnelen marinieren, anbraten und mit dem Salat anrichten.

Thai-Beef-Salat
mit Früchten und Erdnussschaum

Wer sein erstes Date hat, seine Liebste ein wenig beeindrucken will, ohne ihr auf die Nerven zu gehen, der sollte hier zugreifen. Klar, meint man, sie will kein Fleisch. Denkste! Wenn es so auf den Teller kommt, dann fragt sie nach dem Nachtisch (!), bevor der Thai-Beef-Salat aufgegessen ist!

Für 4 Personen

Für den Thai-Beef-Salat:
350 g Rinderfilet
5 EL Sojasauce
1 TL dunkles Sesamöl
2 TL Speisestärke
2 EL Olivenöl
1 Bund Koriandergrün
1 Bund Minze
½ Bio-Salatgurke
50 g Papayafruchtfleisch
50 g Mangofruchtfleisch
2 EL Sushi-Essig
2 EL Olivenöl
2 EL geröstete Erdnusskerne

Für den Erdnussschaum:
180 ml Gemüsebrühe
100 g Erdnussbutter
2 EL Sojasauce
1 Msp. Zimtpulver
1 Msp. Chilipulver
ca. 100 ml Sushi-Essig
1–2 TL dunkles Sesamöl

Zubereitung

Für den Thai-Beef-Salat das Rinderfilet in 1 bis 2 cm dicke Scheiben schneiden. In einer Schüssel Sojasauce, Sesamöl und Speisestärke zu einer Marinade verrühren. Das Rinderfilet mit der Marinade mischen und etwa 1 Stunde marinieren.

Knackpunkt: Je länger das Fleisch mariniert, desto zarter wird es. Aber bitte nicht schon am Vortag einlegen, sonst wird es zu weich.

Das Olivenöl in einer Pfanne erhitzen und das Rinderfilet darin kurz, aber dunkelbraun anbraten. Herausnehmen und in breite Streifen schneiden.

Für den Erdnussschaum die Brühe mit Erdnussbutter, Sojasauce, Zimt- und Chilipulver in einem Topf bei mittlerer Hitze erwärmen. Den Topf vom Herd nehmen, leicht abkühlen lassen und mit dem Sushi-Essig und dem Sesamöl abschmecken.

Den Koriander und die Minze waschen, trocken schütteln und die Blätter abzupfen. Die Gurke waschen, längs halbieren und die Kerne mit einem Löffel entfernen. Die Hälften längs in feine Streifen schneiden. Papaya und Mango ebenfalls in feine Streifen schneiden. Sushi-Essig und Olivenöl in einer Schüssel verrühren. Gurke, Früchte sowie zerzupfte Kräuterblätter dazugeben und alles mischen.

Den Erdnusssud leicht erwärmen und mit dem Stabmixer aufschäumen. Das Rinderfilet auf einer Platte oder nach Belieben mithilfe von Speiseringen auf Tellern anrichten. Den Salat daraufsetzen, mit den Erdnüssen bestreuen und mit dem Erdnussschaum beträufeln.

Zubereitungszeit ca. 25 Min. Marinierzeit ca. 1 Std.

Papaya-Möhren-Salat
mit Schlangenbohnen

Ich war oft in Thailand. Streetfood ist dort natürlich ein riesiges Thema. Man kann die unterschiedlichsten Erlebnisse haben: sensationelle Straßenküche auf Sterneniveau oder einen Snack, der einen die kommenden Tage verderben kann. Ich habe mal versucht, meine besten Erlebnisse hier einfließen zu lassen.

Für 4 Personen

1 grüne Papaya
2 Möhren
1 Bund Koriandergrün
5 getrocknete Garnelen (Asienladen)
2 Schlangenbohnen (Asienladen)
1 Knoblauchzehe
1 rote Thai-Chilischote
1 TL Fischsauce
Saft von 1 Limette
2 EL Reisessig
½ TL brauner Zucker
30 g geröstete Erdnusskerne

Zubereitung

Die Papaya schälen, halbieren und entkernen. Die Hälften zuerst in Scheiben, dann in feine Streifen schneiden. Alternativ kann man die Streifen auch mit dem Juliennereißer herstellen. Die Möhren schälen, zuerst längs in Scheiben, dann in feine Streifen schneiden. Koriandergrün waschen, trocken schütteln und die Blätter abzupfen.

Garnelen in einem Schälchen mit lauwarmem Wasser bedecken und etwa 10 Minuten einweichen, bis sie weich sind. Bohnen putzen, waschen und in etwa 3 cm lange Stücke schneiden. Den Knoblauch schälen. Die Chilischote längs halbieren, nach Belieben entkernen und in Stücke schneiden. Garnelen mit Knoblauch und Chili im Mörser fein zerreiben.

Bohnen und etwa ein Viertel der Papayastifte im Mörser zerdrücken. Das Bohnen-Papaya-Mus in einer Schüssel mit Garnelenpaste, Fischsauce, Limettensaft, Reisessig und Zucker mischen. Die restliche Papaya, Möhren und Koriander untermischen und etwas marinieren lassen. Die Erdnüsse grob hacken und kurz vor dem Servieren auf den Salat streuen.

Knackpunkt: Je länger der Salat mariniert, desto besser schmeckt er. Genug Zeit also für einen Aperitif oder für die Zubereitung von gebratenem Tofu (siehe unten).

Fein dazu: Etwas reichhaltiger wird er Salat mit gebratenem Tofu im Sesammantel. Dazu 400 g Seidentofu rundherum mit etwas Öl einstreichen. 2 EL helle Sesamsamen auf einem Teller verteilen und den Tofu darin wenden. Etwas Öl in einer Pfanne erhitzen und den Tofu darin auf beiden Seiten etwa 5 Minuten goldbraun braten. Herausnehmen, in 1 cm dicke Scheiben schneiden und zum Salat servieren.

Zubereitungszeit ca. 20 Min. Marinierzeit mind. 15 Min.

Genuss hoch 2

Wenn vom Salat etwas übrig bleibt – er schmeckt auch am nächsten Tag noch super.

Italienische Brotsuppe

Man möge sich das Foto auf der anderen Seite einmal genau angucken. Das ist, was Authentizität ausmacht. Was Geschmack ausmacht. So kennen es die Bewohner in einem nicht näher genannten Dorf am Rand der Touristenströme seit jeher. So muss es sein. So soll es sein. Dazu das Knattern eines Mopeds und eine italienische Schnulze im Hintergrund. Wahnsinn!

Für 4 Personen

1 große weiße Zwiebel
2–3 Knoblauchzehen
1 rote Chilischote
170 ml Olivenöl
500 g Tomaten • Salz
¼ l Hühner- oder Gemüsebrühe
2 getr. Lorbeerblätter
Pfeffer aus der Mühle
1 Bund Basilikum
120 g Weißbrot (vom Vortag; am besten Ciabatta oder Baguette; ohne Rinde)
ca. 1 TL Kapern

Geht auch

Wer keine Kapern mag, lässt sie einfach weg oder nimmt stattdessen fein gehackte Oliven.

Zubereitung

Die Zwiebel und den Knoblauch schälen und in feine Würfel schneiden. Die Chilischote längs halbieren, entkernen, waschen und ebenfalls in feine Würfel schneiden. In einem Topf 150 ml Olivenöl sanft erhitzen. Zwiebel, Knoblauch und Chili darin etwa 15 Minuten glasig andünsten.

Knackpunkt: Je länger Zwiebel, Knoblauch und Chili ihr Aroma ans Öl abgeben können, desto besser. Die Zutaten sollen aber auf keinen Fall Farbe bekommen, sonst schmecken sie bitter.

Die Tomaten kreuzförmig einritzen, ein paar Sekunden in kochendes Wasser tauchen und in eiskaltem Wasser abschrecken. Die Haut der Tomaten abziehen und das Fruchtfleisch in grobe Stücke schneiden, dabei die Stielansätze entfernen. Die Tomaten zur Zwiebelmischung geben und mit Salz würzen. Die Brühe und die Lorbeerblätter dazugeben und alles etwa 1 Stunde zu einer sämigen Suppe einköcheln lassen. Mit Salz und Pfeffer kräftig abschmecken.

Das Basilikum waschen, trocken schütteln und die Blätter abzupfen. In einer Pfanne das restliche Olivenöl erhitzen. Das Weißbrot grob zerzupfen und darin knusprig braten. Kurz vor dem Servieren das Brot, die Kapern und die zerzupften Basilikumblätter auf die Suppe streuen.

Zubereitungszeit ca. 20 Min. Garzeit ca. 75 Min.

Erdbeer-Wassermelonen-Gazpacho
mit Basilikum und Röstbroten

Ich bin ein extremer Fan von Wassermelonen. Auch in der herzhaften Küche. Ich habe immer wieder damit experimentiert. Zu Hause. Als Gruß aus der Küche. Das hier ist fast schon eher ein Smoothie.

Für 4 Personen

Für die Gazpacho:
200 g Erdbeeren
600 g Wassermelonen-fruchtfleisch
1 Bio-Salatgurke
2 rote Paprikaschoten
1 rote Chilischote
5 Fleischtomaten
1 Bund Basilikum
100 ml Tomatensaft
Salz
Pfeffer aus der Mühle
7–8 EL Rotweinessig
1 Spritzer Tabasco
7 EL Olivenöl
50 g Pinienkerne

Außerdem:
1 kleines Ciabatta
3 EL Olivenöl
1 Knoblauchzehe
70 g Pancetta (in dünnen Scheiben)

Zubereitung

Erdbeeren waschen und putzen. Melone in grobe Stücke schneiden. Gurke waschen und in grobe Stücke schneiden. Jeweils ein paar Erdbeeren, Melonen- und Gurkenstücke fein würfeln und kühl stellen.

Paprika und Chili längs halbieren, entkernen, waschen und in Stücke schneiden. Die Tomaten waschen, halbieren und in Stücke schneiden, dabei die Stielansätze entfernen. Das Basilikum waschen, trocken schütteln und samt Stielen grob schneiden. Die vorbereiteten Zutaten mit dem Tomatensaft mischen. Mit Salz und Pfeffer würzen und etwa 2 Stunden marinieren.

Knackpunkt: Durch das Marinieren intensivieren sich die Aromen der einzelnen Zutaten. So schmeckt die Gazpacho einfach noch mal um Längen besser!

Die marinierten Zutaten mit dem Stabmixer pürieren und durch ein feines Sieb in eine Schüssel passieren. Die Suppe mit Essig, Tabasco und 5 EL Olivenöl mischen, mit Salz und Pfeffer abschmecken und in Gläser verteilen.

Die Pinienkerne in einer Pfanne ohne Fett goldbraun rösten. Die restlichen Gurken-, Melonen- und Erdbeerstücke sowie die Pinienkerne mit dem übrigen Olivenöl mischen und auf die Suppe streuen.

Das Ciabatta in Scheiben schneiden. In einer Pfanne das Olivenöl erhitzen und Brot darin auf beiden Seiten knusprig braten. Knoblauch halbieren und Brotscheiben jeweils auf einer Seite damit einreiben. Das Brot mit Pancetta belegen und zur Suppe reichen.

Zubereitungszeit ca. 25 Min. Marinierzeit: ca. 2 Std.

Gratinierte Aubergine

Asia-Style

Ein für alle Mal und immer wieder: Die Aubergine ist unterbewertet und man tut ihr oftmals Unrecht. Das arme Ding will nur richtig behandelt werden. Und man wird sehen, wenn sie richtig umsorgt und zubereitet wird, dankt sie es. Und was gibt es Schöneres als Zutaten, die einem Geschmack geben, den man an die zu Bekochenden weitergibt. Eben!

Für 4 Personen

Für die Misocreme:
2 EL Misopaste
1–2 EL Honig
1 EL Sesamöl

Außerdem:
2 Auberginen
Salz
3 EL Öl
1 EL helle Sesamsamen
2 Frühlingszwiebeln

Zubereitung

Für die Misocreme Misopaste, Honig, Sesamöl und 4 EL Wasser in einer flachen Schale mischen.

Die Auberginen putzen, waschen und längs halbieren. Die Schnittflächen kreuzförmig einschneiden und mit Salz würzen. Das Öl in einer Pfanne erhitzen und die Auberginen darin auf beiden Seiten braun braten. Dann mit den Schnittflächen nach unten in die Misocreme legen und etwa 15 Minuten marinieren.

Den Backofen mit Grillfunktion auf 200 °C vorheizen. Die Auberginen mit den Schnittflächen nach oben auf ein mit Backpapier belegtes Backblech setzen und im Ofen auf der mittleren Schiene 15 Minuten backen.

Knackpunkt: Da Auberginen relativ neutral schmecken, sind die Röstaromen vom Braten und Garen im Backofen das Wichtigste bei diesem Rezept. Also keine Angst vor dunkler Farbe!

Die Auberginen mit der restlichen Marinade bestreichen und weitere 10 bis 15 Minuten backen, bis sie dunkelbraun karamellisiert sind. Herausnehmen und etwas abkühlen lassen.

Die Sesamsamen in einer Pfanne ohne Fett rösten, bis sie duften. Die Frühlingszwiebeln putzen, waschen und in feine Ringe schneiden. Auberginen mit Frühlingszwiebeln und Sesamsamen bestreut servieren.

Zubereitungszeit ca. 20 Min. Marinierzeit ca. 15 Min. Garzeit: ca 30 Min.

Basic No. 2

Pasta

„Wenn ihr die könnt, dann klappt es auch mit dem Nachbarn!“

Pasta

Selbst gemachte Pasta ist nur was für Köche und Freaks? Weit gefehlt, ihr werdet den Unterschied schmecken! Und mit meinen Tipps seid ihr vom perfekten Nudelgenuss nur einen Nudelmaschinen-Dreh weit entfernt!

Grundrezept Pastateig

Für ca. 800 g/4 Pers.

+ 450 g Semola di grano duro (feiner Hartweizengrieß; ersatzweise Mehl Type 405)
+ 18 Eigelb (ja, das stimmt!)
+ 2 Msp. Salz

Zubereitung

Alle Zutaten mit den Händen, dem Handrührgerät oder der Küchenmaschine zu einem glatten Teig verkneten.

Knackpunkt: Der Nudelteig muss wirklich sehr gut glatt geknetet werden, nur so kann man ihn später gleichmäßig dünn ausrollen.

Den Teig in Frischhaltefolie gewickelt bei Zimmertemperatur mindestens 1 Stunde ruhen lassen. Anschließend nach Belieben verarbeiten.

Achtet darauf, dass Mehl und Eigelbe Zimmertemperatur haben, und gönnt dem Teig seine Ruhestunde.

Mehl, Dunst, Grieß …?

Über das perfekte Mehl für die Nudelherstellung können Köche stundenlang fachsimpeln. Fazit: Es ist alles halb so wild.

Semola di grano duro

Dieses Hartweizenmehl wird in Italien traditionell für Nudelteige verwendet. Es hat eine leicht körnige Struktur, die für den perfekten Biss der Pasta sorgt.

Tipo 00

Das italienische Pizza- und Pastamehl enthält etwas mehr Klebereiweiß als unsere Type 405. Die Teige daraus sind sehr elastisch – perfekt zum Ausrollen.

Wiener Grießler/Dunst

Unter diesen Begriffen findet man im Supermarkt „griffiges" Mehl, das sich hervorragend für Nudelteige eignet. Spätzlemehl hat die gleichen Eigenschaften.

Weizenmehl Type 405

Es ergibt schöne, glatte Nudelteige. Die Pasta ist zwar nicht High End, was die Bissfestigkeit anbelangt, schlägt getrocknete Nudeln aber um Längen.

Pasta on Ice

Ich bereite meist gleich die doppelte Menge zu, weil das kaum mehr Aufwand ist. Die fertigen Nudeln bestäube ich mit Mehl, verpacke sie portionsweise in Boxen und friere sie ein.

Wenn ich Ravioli mache, bleiben immer Abschnitte übrig. Ich werfe sie nicht weg, sondern friere sie ebenfalls ein. So habe ich immer einen kleinen Vorrat für ein „wildes" Nudelgericht.

Handmade oder Maschine?

Jede gute Pasta beginnt mit Teigkneten. Das kann man per Hand erledigen, aber man braucht ein bisschen Geduld. Es dauert schon etwa 10 Minuten, bis der Teig schön glatt ist. Für mich ist Teigkneten eine sinnliche Betätigung und ein kleines Feierabend-Work-out. Leichter geht's natürlich mit dem Handrührgerät oder der Küchenmaschine.

Das A & O perfekter Pasta ist ein gleichmäßig ausgerollter Teig. Die italienische Mamma macht das natürlich von Hand. Wer nicht ganz so viel Erfahrung hat, ist mit der Nudelmaschine auf der sicheren Seite. Damit rollt man den Teig in mehreren Durchgängen mit immer engerer Walzenstärke zur gewünschten Stärke aus.

★ *Hilfe!* ★

Ihr habt den Nudelteig ausgiebig geknetet, aber er will einfach nicht glatt werden? Dann ist er zu trocken. Gebt ein klein wenig Wasser dazu und knetet ihn weiter. Klebt der Teig noch an den Händen? Einfach noch etwas Mehl unterkneten.

Resteverwertung: Eiweiß satt

Nachdem man Nudelteig zubereitet hat, sind immer jede Menge Eiweiße übrig – ideal für Sportler: Ich koche mir daraus gerne ein Eiweiß-Omelett oder -Rührei. Ihr müsst die Eiweiße nicht sofort verbrauchen: In einer Kunststoffbox bleiben sie im Kühlschrank einige Tage frisch. Ihr könnt sie aber auch für später einfrieren.

#

Superschnelle Nudelrezepte

Nudeln ins kochende Salzwasser geben, Zeit für Schnippeln und Co. nutzen – und kurz darauf steht ein leckeres Pastagericht auf dem Tisch.

Spaghetti all'arrabbiata

Zwiebel, Chilischote und Pancetta (oder Räucherspeck) in Olivenöl anbraten. Tomatensauce (siehe S. 106) dazugeben und alles durchmischen. Die Nudeln untermischen und mit Petersilie bestreuen.

Tagliatelle carbonara

Zwiebel und Pancetta (oder Räucherspeck) in Olivenöl anbraten. Etwas Nudelwasser dazugeben, vom Herd nehmen, Nudeln, Parmesan und Eigelbe untermischen.

Pasta funghi

Pilze mit Knoblauch und Rosmarin scharf anbraten, mit Weißwein ablöschen. Butterflocke, Petersilie und großzügig Pfeffer dazugeben. Nudeln und Parmesan untermischen.

Pasta vongole

Knoblauch in Olivenöl andünsten, Muscheln dazugeben, mit Weißwein ablöschen. Wenn die Muscheln geöffnet sind, ein paar Löffel Tomatensauce und die Nudeln untermischen.

Ricotta-Ravioli

mit flüssigem Kern und Salbei

Ich bin ein absoluter Teigwaren-Liebhaber. Das Rezept hier ist etwas anspruchsvoller und wer es macht, wird es wieder machen, obwohl es etwas komplizierter ist. Es sind nur Ravioli. Aber Teigtaschen, die sensationell schmecken.

Für 2–4 Personen

400 g Pastateig (siehe S. 54)
4 Eigelb
500 g Ricotta
150 g geriebener Parmesan
Salz
Pfeffer aus der Mühle
1 Bund Salbei
140 g Butter

Zubereitung

Den Pastateig wie im Grundrezept beschrieben zubereiten und 1 Stunde ruhen lassen. Die Eigelbe auf einen mit Backpapier belegten Teller geben und im Tiefkühlfach etwa 15 Minuten anfrieren lassen.

Den Pastateig in 2 Portionen teilen und jeweils 2 bis 3 mm dicke, etwa 15 cm breite Bahnen ausrollen, am einfachsten geht das mit der Nudelmaschine. Aus den Bahnen 8 Quadrate à etwa 15 × 15 cm schneiden.

Den Ricotta mit 100 g Parmesan verrühren und mit Salz und Pfeffer würzen. Aus der Ricottamasse 4 Bällchen formen und jeweils mittig auf ein Nudelblatt setzen. Mit einem Löffel eine tiefe Mulde in die Bällchen drücken und je 1 Eigelb hineinsetzen. Jeweils mit einem Nudelblatt abdecken und die Ränder zusammendrücken, dabei den Teig vorsichtig zu den Rändern ausstreichen, damit keine Luft eingeschlossen wird. Die Ränder mit einem Teigrädchen zuschneiden.

Knackpunkt: Nur wenn die Luft sorgfältig herausgestrichen ist, platzen die Ravioli beim Kochen nicht auf und die Eigelbe bleiben geschützt.

In einem großen Topf reichlich Wasser zum Kochen bringen und stark salzen. Den Salbei waschen, trocken schütteln und die Blätter abzupfen. Die Butter in einer Pfanne bei mittlerer Hitze nussbraun werden lassen. Vom Herd nehmen und die Salbeiblätter darin kurz braten.

Die Ravioli im Salzwasser 4 bis 5 Minuten gar ziehen lassen. Mit dem Schaumlöffel herausheben, in der braunen Salbeibutter schwenken und auf Teller verteilen. Die Ravioli mit dem restlichen Parmesan bestreut servieren.

Zubereitungszeit ca. 35 Min. Ruhezeit ca. 1 Std.

★ Doppeltes Nudelglück ★

Die Nudelabschnitte keinesfalls wegwerfen. Am besten kleine Flecken daraus schneiden, mit etwas Mehl bestreuen, in eine Kunststoffbox schichten und nach Belieben einfrieren und für ein „wildes“ Pastagericht verwenden.

Kürbis-Chili-Risotto

mit gratiniertem Ziegenkäse

Dieses Gericht ist aus der Not heraus entstanden, als ein paar Freunde ihre mir unbekannten Partnerinnen mitbrachten. Ich habe mich gefragt, was sollen die von mir denken, wenn ich es als Koch nicht schaffe, etwas auf den Tisch zu bringen, das geschmacklich besonders ist, ohne dass man denkt: Was ist das für ein Spinner? Alle Paare sind bis heute zusammen und kommen gern immer wieder zum Essen zu mir.

Für 4 Personen

ca. 250 g Muskatkürbis
1 Zwiebel
1 rote Chilischote
150 g kalte Butter
300 g Risottoreis
1 EL Tomatenmark
200 ml Weißwein
ca. 1 l heiße Hühnerbrühe
Salz
Pfeffer aus der Mühle
100 g geriebener Parmesan
2 Rollen Ziegenweichkäse
(à 150 g)

Zubereitung

Den Kürbis schälen und in kleine Würfel schneiden. Die Zwiebel schälen und in feine Würfel schneiden. Die Chilischote längs halbieren, entkernen, waschen und in feine Würfel schneiden.

In einem ofenfesten Topf 1 gehäuften EL Butter erhitzen und die Zwiebel mit dem Kürbis darin glasig anschwitzen. Den Reis und das Tomatenmark bei mittlerer Hitze etwa 2 Minuten mitrösten, dann die Chili untermischen. Den Wein angießen und einkochen lassen. Zum Gratinieren den Backofen mit Grillstufe auf 200 °C vorheizen (siehe auch Tipp).

So viel Brühe angießen, dass der Reis bedeckt ist, und unter häufigem Rühren einköcheln lassen. Wieder Brühe angießen und unter Rühren einköcheln lassen. So weiterverfahren, bis der Reis bissfest gegart ist.

 # Knackpunkt: Lasst den Risotto beim Garen nicht allein. So stellt ihr sicher, dass immer genügend Flüssigkeit im Topf ist und der Risotto nicht ansetzt oder pampig wird.

Den Risotto mit Salz und Pfeffer würzen. Die restliche Butter in Stückchen und den Parmesan dazugeben und alles cremig verrühren. Den Ziegenkäse in etwa 1 cm dicke Scheiben schneiden, auf den Risotto legen und im Backofen etwa 3 Minuten goldbraun gratinieren.

Zubereitungszeit ca. 40 Min.

Küchenhelfer

Wer gerne gratiniert, für den lohnt sich die Anschaffung eines Flambierbrenners. Damit wird jede Kruste wunderbar.

Gebratene Calamari

mit Babyspinat und Kartoffeln

Ein Gericht, mit dem ich euch die Angst nehmen will. Nein, Calamari zu putzen, auszunehmen und zuzubereiten, ist kein Hexenwerk! Und sie schmecken einfach himmlisch!

Für 4 Personen

4 festkochende Kartoffeln
Salz
8 Calamari
400 g Babyspinat
1 EL Haselnusskerne
6 EL Olivenöl
2 Zweige Rosmarin
2 Knoblauchzehen
Pfeffer aus der Mühle
1 Bio-Zitrone

Zubereitung

Die Kartoffeln gründlich waschen und in reichlich Salzwasser etwa 20 Minuten bissfest garen. Abgießen, abschrecken, pellen und auskühlen lassen.

Die dunkle Haut der Calamari unter fließendem kaltem Wasser abreiben. Die Fangarme und die Chitinstücke aus den Körperbeuteln (Tuben) ziehen. Die Tuben innen unter fließendem kaltem Wasser säubern. Die Fangarme knapp über den Augen so vom Kopf abschneiden, dass sie durch einen schmalen Ring noch verbunden bleiben. Die Arme in der Mitte festhalten und die Kauwerkzeuge mit einem Finger von unten herausdrücken. Calamari trocken tupfen und quer dritteln oder vierteln.

Den Spinat verlesen, waschen und trocken schleudern. Haselnüsse in einer kleinen Pfanne ohne Fett goldbraun rösten. Herausnehmen und grob hacken.

Die Kartoffeln in etwa 2 cm große Würfel schneiden. In einer Pfanne 3 EL Olivenöl erhitzen und die Kartoffeln darin rundherum goldbraun braten. Den Rosmarin waschen und trocken tupfen, die Nadeln abstreifen und grob hacken. 1 Knoblauchzehe schälen, in feine Würfel schneiden und mit dem Rosmarin zu den Kartoffeln geben. Alles bei schwacher Hitze kurz schwenken. Den Spinat untermischen und kurz mitbraten. Mit Salz und Pfeffer würzen.

In einer beschichteten Pfanne das restliche Olivenöl stark erhitzen und die Calamari darin 1 bis 2 Minuten rundherum goldbraun anbraten.

 # Knackpunkt: Calamari unbedingt bei starker Hitze und nur kurz braten – sie werden lediglich „von der Pfanne geküsst", wie wir es in der Profiküche nennen.

Den restlichen Knoblauch schälen, andrücken und kurz mitschwenken. Die Zitrone heiß waschen und trocken reiben. Die Calamari mit den Spinat-Kartoffeln auf Teller verteilen, etwas Zitronenschale darüberreiben und mit den Haselnüssen bestreuen.

Zubereitungszeit ca. 50 Min.

Muscheln im Thai-Sud

Wenn man Muscheln mag, wenn man Thai-Küche mag, dann ist das mal etwas anderes. Seltsamerweise sind Frauen beim Thema Muscheln immer aufgeschlossener. Moules frites in Frankreich. Spaghetti vongole beim Italiener. Wenn der Liebsten das schmeckt, dann wird sie auch das hier lieben.

Für 4 Personen

2 kg Miesmuscheln
2 Zwiebeln
2 rote Chilischoten
4 Stangen Zitronengras
2 Kaffir-Limettenblätter
8 Knoblauchzehen
8 EL Olivenöl
300 ml Weißwein
300 ml Gemüsebrühe
2 Bund Thai-Basilikum
2 Bund Koriandergrün

Zubereitung

Die Muscheln unter fließendem kaltem Wasser gründlich abbürsten und die Bärte entfernen. Geöffnete Muscheln aussortieren.

Die Zwiebeln schälen, halbieren und in feine Streifen schneiden. Die Chilischoten längs halbieren, entkernen, waschen und in feine Würfel schneiden. Vom Zitronengras die welken Außenblätter und die obere trockene Hälfte entfernen, die untere Hälfte andrücken. Die Limettenblätter waschen und trocken tupfen. Den Knoblauch schälen und in grobe Stücke schneiden.

Das Olivenöl in einem großen Topf erhitzen, Zwiebeln, Chilis, Zitronengras und Limettenblätter darin anschwitzen. Den Knoblauch dazugeben und mit anschwitzen. Die Miesmuscheln kurz in der Zwiebel-Zitronengras-Mischung schwenken. Den Wein und die Brühe angießen und aufkochen lassen.

Basilikum und Koriandergrün waschen, trocken schütteln und in den Topf geben. Die Muscheln zugedeckt 4 bis 5 Minuten garen.

Knackpunkt: Die Muscheln sind perfekt gegart, wenn sich die Schalen gerade eben geöffnet haben. Keinesfalls länger kochen, das Muschelfleisch wird sonst gummiartig zäh.

Die Muscheln samt Sud mit dem Schöpflöffel in eine Schüssel geben, dabei nicht geöffnete Exemplare und die Kräuterstiele entfernen.

Die Muscheln bei Tisch aus dem Topf in die Teller schöpfen. Um die Muscheln auszulösen, verwendet jeder statt Besteck eine ausgelöste Muschelschale als Zange. Dazu passt knusprig geröstetes Weißbrot.

Zubereitungszeit ca. 30 Min.

Glasierter Wolfsbarsch

mit 'Nduja-Orzo-Pasta

Dieses Gericht macht ordentlich was her, denn es sieht gut aus und die verschiedenen Komponenten passen wie die Faust aufs Auge. Einfach ein ehrliches, schönes Essen!

Für 4 Personen

30 g 'Nduja (ital. Rohwurst)
30 g Tomatenmark
100 ml Weißwein
¼ l Gemüsebrühe
Salz
5 EL Olivenöl
200 g Orzo (reisförmige Nudeln)
80 g Butter
80 g geriebener Parmesan
1 Bund Basilikum
50 g tiefgekühlte Erbsen
600 g Wolfsbarschfilet (küchenfertig; mit Haut)

Zubereitung

Eine Pfanne erhitzen und die Wurst mit dem Tomatenmark darin leicht anrösten. Mit dem Wein ablöschen und einkochen lassen. Die Brühe angießen und aufkochen lassen. Mit Salz abschmecken.

In einem Topf 2 EL Olivenöl erhitzen und die Nudeln darin anschwitzen. Etwas 'Nduja-Fond angießen und unter Rühren einkochen lassen. Wieder etwas Fond angießen, einkochen lassen und so weiterverfahren, bis die Nudeln bissfest gegart sind. Dann 60 g Butter in Stückchen und den Parmesan unterrühren, sodass eine cremige Mischung entsteht.

Das Basilikum waschen und trocken schütteln, die Blätter abzupfen und fein schneiden. Die Erbsen in kochendem Salzwasser etwa 30 Sekunden blanchieren, in ein Sieb abgießen und abschrecken. Die Erbsen unter die Pasta mischen. Das restliche Olivenöl in einer Pfanne erhitzen. Das Fischfilet waschen, trocken tupfen und in 4 gleich große Stücke schneiden. Das Fischfilet mit Salz würzen und in der Pfanne auf der Hautseite bei mittlerer Hitze knusprig anbraten.

 # Knackpunkt: Das Fischfilet wird nur bei mäßiger Hitze angebraten, sonst verbrennt die Haut und das Filet ist innen noch roh.

Die Pfanne vom Herd nehmen, die restliche Butter dazugeben, den Fisch wenden und die aufgeschäumte Butter darüberlöffeln. Idealerweise ist der Fisch auf der Hautseite knusprig und in der Mitte schön glasig. Das Basilikum unter die Orzo-Pasta heben. Die Pasta auf Teller verteilen und den Wolfsbarsch darauflegen. Dazu passt ein Kräutersalat.

Zubereitungszeit ca. 40 Min.

Polpetti

mit Pecorino-Erbsen-Salat

Hört sich unspektakulär an? Also bitte! Ich habe ein ähnliches Gericht einmal in Kalifornien gegessen und mir tagelang den Kopf zermartert, was die Polpetti so sensationell gemacht hat. Daheim habe ich dann so lange rumexperimentiert, bis ich mit dem Ergebnis zufrieden war.

Für 4 Personen

Für die Polpetti:

1 weiße Zwiebel
5 Knoblauchzehen
6 EL Olivenöl
1 TL gehackter Majoran
½ TL gehackter Rosmarin
½ TL gehackter Salbei
900 g Schweinehackfleisch (vorzugsweise von der Schulter)
2 Eier • 3 Eigelb
¾ TL Fenchelsamen
2 TL gehackte Petersilie
150 g geriebener Parmesan (oder Pecorino)
100 g Semmelbrösel
Salz • Pfeffer aus der Mühle

Außerdem:

2 Eier
100 g tiefgekühlte Erbsen
Salz
2 Bund Rucola
1 Bund Basilikum (oder Petersilie)
Saft von einer 1 Zitrone
6 EL Olivenöl
200 g geriebener Pecorino

Zubereitung

Für die Polpetti die Zwiebel und den Knoblauch schälen und in feine Würfel schneiden. In einer Pfanne 3 EL Olivenöl erhitzen und die Zwiebel darin bei mittlerer Hitze etwa 5 Minuten anschwitzen. Knoblauch, Majoran, Rosmarin und Salbei etwa 2 Minuten mitbraten. Die Pfanne vom Herd nehmen und die Zwiebelmischung abkühlen lassen.

Hackfleisch in einer Schüssel mit Eiern, Eigelben, Fenchelsamen, Petersilie, Parmesan, Semmelbröseln und der Zwiebelmischung verkneten. Mit Salz und Pfeffer kräftig würzen und etwa 20 Minuten kühl stellen.

 # Knackpunkt: Das Hackfleisch unbedingt kühl stellen, so wird das darin enthaltene Fett fest und die Masse lässt sich anschließend gut zu Bällchen formen.

Inzwischen die Eier etwa 10 Minuten hart kochen. Erbsen in kochendem Salzwasser etwa 30 Sekunden blanchieren. In ein Sieb abgießen, kalt abschrecken und abtropfen lassen. Den Rucola verlesen, waschen und trocken schütteln, grobe Stiele entfernen. Das Basilikum waschen, trocken schütteln, die Blätter abzupfen und nach Belieben grob schneiden.

Aus der Hackfleischmischung 12 bis 16 runde Bällchen formen. Das restliche Olivenöl in einer Pfanne erhitzen und die Polpetti darin rundherum 2 bis 3 Minuten goldbraun braten. (Alternativ könnt ihr die Bällchen auch auf einem mit Backpapier belegten Backblech im auf 180 °C vorgeheizten Ofen etwa 15 Minuten garen.)

Die Eier pellen und grob hacken oder achteln. Den Zitronensaft mit dem Olivenöl und etwas Salz in einer Schüssel verrühren. Eier, Erbsen, Rucola, Basilikum und Pecorino mit der Vinaigrette verrühren. Den Pecorino-Erbsen-Salat mit den Polpetti servieren.

Zubereitungszeit ca. 40 Min. Kühlzeit ca. 20 Min.

After Work

Fix und fertig

Ich habe lange nach Rezepten gesucht, die perfekt in dieses Kapitel passen, habe oft mit Freunden gesprochen, die den unterschiedlichsten beruflichen Hintergrund haben. Studenten waren dabei, eine Freundin mit kräftezehrendem Schichtdienst im Krankenhaus, Lehrer, Freunde, die jeden Tag um 17 Uhr das Büro verlassen. Immer wieder habe ich Rezepte in die Runde gegeben und gefragt: Würdet ihr das nach der Arbeit kochen? Ein einziges „Das liest sich superlecker, wäre mir aber nach der Arbeit dann doch zu kompliziert!“ und schon war das Gericht raus. Wenn man zu erledigt ist, um nach der Arbeit noch groß einkaufen zu gehen, mit wenigen Zutaten auskommen möchte, seine Ruhe haben und trotzdem noch was Gutes essen will, dann wird man hier bestimmt fündig.

Blumenkohl-Mandel-Suppe

mit Rosinen und Kapern

Diese Suppe ist reichhaltig und soll genauso sein. Sie soll keine Vorsuppe sein. Vielleicht ein Brötchen zum Dippen dazu. Das war's. Günstig, schmackhaft, sättigend.

Für 4 Personen

40 g Rosinen
150 g Mandeln
1 Zwiebel
4 Knoblauchzehen
1 Blumenkohl
5 EL Olivenöl
3 EL Balsamico bianco
Salz
Pfeffer aus der Mühle
1 TL Honig
Chilipulver
2 TL Kapern

Toppingparade

Anstelle der Kapern könnt ihr die Suppe auch mit Croûtons toppen oder mit Parmesan bestreuen.

Zubereitung

Die Rosinen in einem Schälchen mit lauwarmem Wasser bedecken. Eine Pfanne erhitzen und die Mandeln darin ohne Fett etwa 3 Minuten rösten, dabei häufig durchrühren. Die Mandeln auf einen Teller geben, 6 Mandeln für die Deko fein hacken.

Die Zwiebel und den Knoblauch schälen und in feine Würfel schneiden. Den Blumenkohl putzen, waschen, in Röschen teilen und grob schneiden. In einem Topf 2 EL Olivenöl erhitzen und die Zwiebel darin bei mittlerer Hitze 6 bis 7 Minuten glasig anschwitzen. Den Knoblauch kurz mitschwitzen.

Die Rosinen in ein Sieb abgießen. Rosinen, Mandeln und Blumenkohl mit der Zwiebelmischung etwa 4 Minuten braten. Mit dem Essig ablöschen und leicht einköcheln lassen. So viel Wasser angießen, dass alles leicht bedeckt ist. Den Blumenkohl etwa 30 Minuten ganz weich köcheln lassen.

 # Knackpunkt: Ich gieße diese Suppe mit Wasser auf statt mit Brühe, dann bleibt sie schön weiß.

Den Blumenkohl mit dem Stabmixer fein pürieren. Falls die Konsistenz der Suppe zu sämig ist, noch etwas Wasser dazugeben. Die Suppe mit Salz, Pfeffer, Honig und Chilipulver kräftig würzen und in tiefe Teller verteilen. Mit den Kapern und den gehackten Mandeln garnieren und mit dem restlichen Olivenöl beträufeln. Nach Belieben mit etwas Chilipulver bestreuen.

Zubereitungszeit ca. 20 Min. Garzeit ca. 35 Min.

Polenta-Lauch-Suppe

Jeder kennt Polenta. Aber in dieser Form? Ich liebe dieses Rezept, weil es einfach ganz leicht zuzubereiten ist, sensationell schmeckt und trotzdem für viele Menschen so komplett unbekannt ist. Sollte man unbedingt mal machen.

Für 4 Personen

150 g Lauch
1 Knoblauchzehe
40 g Butter
50 g Polenta (Maisgrieß)
ca. 900 ml Rinder- oder Hühnerbrühe
Salz • Pfeffer aus der Mühle
4 EL Kürbiskerne
1 Bund Petersilie
2 EL Sahne
4 EL Kürbiskernöl
100 g geriebener Parmesan

Zubereitung

Den Lauch längs halbieren, waschen, trocken schütteln und in Streifen schneiden. Den Knoblauch schälen und andrücken. Die Butter in einem Topf erhitzen und den Knoblauch darin andünsten. Den Lauch unter Rühren 1 bis 2 Minuten mitdünsten.

Die Polenta untermischen und etwa 2 Minuten mitrösten. Die Brühe angießen, mit Salz und Pfeffer würzen. Die Suppe etwa 15 Minuten köcheln lassen, bis die Polenta weich ist. Ist die Suppe zu sämig, einfach noch ein wenig Wasser dazugeben.

 # Knackpunkt: Die Polenta soll richtig weich gekocht werden, damit sie die Suppe gut bindet.

Die Kürbiskerne in einer Pfanne ohne Fett rösten, bis sie leicht gebräunt sind und duften. Die Petersilie waschen und trocken schütteln, die Blätter abzupfen und fein hacken. Den Knoblauch aus der Suppe fischen, die Petersilie und die Sahne unterrühren.

Die Suppe in tiefe Teller verteilen, mit dem Kürbiskernöl beträufeln und mit den Kürbiskernen bestreuen. Den Parmesan zur Suppe servieren.

Zubereitungszeit ca. 25 Min.

Zitronen-Tagliatelle

Ich bin gar kein Freund von Sahnesaucen. Aber jede Regel braucht ihre Ausnahme. Bei einer meiner Koch-Stationen habe ich dieses Gericht immer und immer wieder zubereiten dürfen. Gekrönt mit einer Nocke Kaviar, wurde es dann für einen unglaublichen Preis an den Mann und die Frau gebracht. Für mich war es allerdings das Schönste, wenn von den Tagliatelle mit der Sauce noch etwas im Topf blieb, das ich auskratzen konnte. Ohne Kaviar, denn diesen Luxus braucht es wirklich nicht.

Für 4 Personen

400 g Tagliatelle (oder 500 g selbst gemachter Pastateig; siehe S. 54)
Salz
1 Bund Petersilie
3 Bio-Zitronen
400 ml Hühner- oder Gemüsebrühe
4 EL Olivenöl
Pfeffer aus der Mühle
100 g kalte Butter
60 g saure Sahne
80 g geriebener Parmesan

Zubereitung

Die Tagliatelle nach Packungsanweisung in kochendem Salzwasser bissfest garen. Oder den Pastateig wie im Grundrezept beschrieben zubereiten und 1 Stunde ruhen lassen. Dann den Teig in 3 Portionen teilen und in jeweils 2 mm dicke und etwa 30 cm lange Bahnen ausrollen, am einfachsten geht das mit der Nudelmaschine. Die Bahnen von einer schmalen Seite aus locker aufwickeln und quer in etwa ½ cm breite Streifen schneiden.

Die Petersilie waschen und trocken schütteln, die Blätter abzupfen und fein hacken. Die Zitronen heiß waschen und trocken reiben, die Schale fein abreiben und den Saft auspressen.

In einer Pfanne die Brühe mit der Zitronenschale um etwa ein Drittel einkochen lassen. Das Olivenöl und den Zitronensaft dazugeben, mit Salz und Pfeffer würzen. Die kalte Butter stückchenweise mit dem Schneebesen unterrühren und die Sauce cremig einköcheln lassen.

Knackpunkt: Die Brühe sollte auf die gewünschte Menge reduziert sein, bevor man die Butter einrührt. Kocht man sie erst danach ein, kann es passieren, dass sich die Butter wieder absetzt.

Falls ihr die Pasta frisch macht, diese jetzt im Salzwasser etwa 3 Minuten köcheln, bis die Nudeln an die Oberfläche schwimmen. Die Nudeln in ein Sieb abgießen und in der Zitronensauce schwenken. Die Pfanne vom Herd nehmen, saure Sahne, Parmesan und Petersilie unter die Nudeln mischen. Die Pasta auf tiefe Teller verteilen. Nach Belieben mit Zitronenzesten und frisch gemahlenem Pfeffer garnieren.

Zubereitungszeit ca. 25 Min.

Papas alio e oglio

Mein Lieblingsgericht, seit ich ein kleiner Bub bin. Auch weil es Erinnerungen daran weckt, dass ich, wenn Mama sagte „Gehst du jetzt mal langsam ins Bett …“, zu Papa gegangen bin und unschuldig fragte: „Machst du mir noch ein paar scharfe Nudeln?!“ Er konnte einfach nie Nein sagen. Und schon war der Abend eine halbe Stunde für mich verlängert …

Für 4 Personen

1–2 rote Chilischoten
6–8 Knoblauchzehen
200 ml Olivenöl
Salz
300 g Spaghettini (No. 3)
1 Bund Petersilie
Pfeffer aus der Mühle
100 g geriebener Parmesan

Zubereitung

Die Chilischoten längs halbieren, entkernen, waschen und in feine Würfel schneiden. Den Knoblauch schälen und in feine Scheiben schneiden. Das Olivenöl in einer Pfanne leicht erhitzen. Den Knoblauch und die Chilischoten darin bei knapp mittlerer Hitze 4 bis 5 Minuten anschwitzen. Der Knoblauch sollte nicht braun, aber weich und durchgegart sein.

Inzwischen in einem großen Topf reichlich Salzwasser aufkochen (es sollte leicht versalzen sein) und die Spaghettini darin nach Packungsanweisung bissfest kochen. Die Petersilie waschen und trocken schütteln, die Blätter abzupfen und fein hacken.

Die Spaghettini direkt aus dem Topf mit dem Spaghettiheber in das Knoblauchöl geben und damit mischen. Die Petersilie unter die Spaghettini schwenken, Nudeln mit Salz und Pfeffer abschmecken. Die Spaghettini mit dem Parmesan bestreut servieren.

Knackpunkt: Die Spaghettini gebe ich triefend nass in das Öl. Aus Kochwasser und Öl entsteht eine sämige Emulsion, die gut an den glatten Nudeln haftet. Zudem ist im Kochwasser viel Stärke enthalten, das ebenfalls für Bindung sorgt.

Zubereitungszeit ca. 20 Min.

Basic No. 3

Gnocchi

„Darauf geb ich euch meine Gelinggarantie!“

Gnocchi

Vergesst die Flummis aus dem Kühlregal! Richtige Gnocchi sind flaumig-locker und nehmen Saucen so richtig gut auf. Tomatensauce, Butter oder Pesto dazu – mehr braucht es nicht!

Gnocchi-Einmaleins

Mit ein paar bewährten Tricks steht einem fluffigen Gnocchi-Genuss nichts mehr im Weg.

Zügig kneten

Langes Kneten löst die Stärke aus den Kartoffeln, der Teig wird klebrig. Man braucht mehr Mehl, die Gnocchi werden fest – Flummis.

Just in Time

Gnocchi-Teig bereite ich erst kurz vor dem Kochen zu. Ruht er länger, zieht er Feuchtigkeit, wird matschig und schlecht formbar.

Weiß bestäubt

Damit die fertigen Gnocchi nicht wie verrückt auf der Unterlage und aneinanderkleben, bestäubt man sie rundherum mit Mehl.

Mit oder ohne?

Rillen in den Gnocchi sind nicht nur Deko. Sie vergrößern die Oberfläche und sorgen so dafür, dass die kleinen Kissen mehr Sauce aufnehmen.

★ Kartoffelkunde ★

Mehligkochend sollten die Kartoffeln für Gnocchi sein. Nur sie enthalten ausreichend Stärke, die den Teig zusammenhält und formbar macht. Neue Kartoffeln sind ungeeignet.

Ganz eilig

Wenn's ganz schnell gehen muss, schneide ich von den Kartoffelteigrollen einfach nur Stücke ab. Die Gnocchi sehen dann wie kleine Kissen aus. An gerillten Gnocchi haftet die Sauce zwar ein bisschen besser als an glatten, doch es geht auch mal so.

Ausdampfen

Die Kartoffeln sollten so trocken wie möglich sein, bevor man sie weiterverarbeitet. Deshalb also unbedingt ausdampfen lassen. Wer mehr Zeit hat, gart die Kartoffeln etwa 1 Stunde auf dem Backblech im Backofen, so werden sie besonders trocken.

Gnocchi einfrieren

Die fertig geformten und mit Mehl bestäubten Gnocchi legt man auf einem großen Teller aus und stellt sie etwa 1 Stunde ins Tiefkühlgerät. Anschließend in Boxen oder Beutel verpacken und einfrieren – so kann man die Gnocchi leicht portionieren. Sie sind etwa 2 Monate haltbar.

Kartoffel-Gnocchi

Für ca. 800 g Teig/4 Personen

+ 4 große mehligkochende Kartoffeln (ca. 600 g)
+ Salz + 100–120 g Mehl
+ 2 EL Olivenöl + 2 Eigelb
+ 35 g Hartweizengrieß
+ 70 g geriebener Parmesan
+ frisch geriebene Muskatnuss
+ Mehl zum Verarbeiten

Zubereitung

Die Kartoffeln schälen, waschen, vierteln und in reichlich Salzwasser weich kochen. Das Wasser abgießen und die Kartoffeln auf der ausgeschalteten Herdplatte kurz ausdampfen lassen.

Die heißen Kartoffeln durch die Kartoffelpresse in eine Schüssel drücken und mit 100 g Mehl, 2 TL Salz und den restlichen Zutaten rasch zu einem glatten Teig verkneten. Ist der Teig noch klebrig, weiteres Mehl unterkneten. Den Teig etwa 10 Minuten ruhen lassen.

Knackpunkt: Je weniger man den Teig knetet, desto flaumiger werden die Gnocchi.

Kartoffelteig in vier Portionen teilen und diese auf der mit Mehl bestäubten Arbeitsfläche zu Rollen mit etwa 2 cm Durchmesser formen. Rollen in etwa 2 cm große Stücke schneiden und zu Kugeln formen. Die Kugeln mit Mehl bestäuben und über die Rückseite einer Gabel rollen beziehungsweise mit einer Gabel Rillen eindrücken.

Reichlich Salzwasser aufkochen. Gnocchi darin 2 bis 3 Minuten kochen, bis sie nach oben steigen. Dann weitere 4 bis 5 Minuten gar ziehen lassen.

Ricotta-Gnocchi

Für ca. 800 g Teig/4 Personen

+ 500 g Ricotta + 2 Eigelb
+ 150–160 g Mehl
+ 80–100 g geriebener Parmesan
+ Salz + Pfeffer aus der Mühle
+ Mehl zum Verarbeiten

Zubereitung

Den Ricotta mit den Eigelben in einer Schüssel verrühren. 150 g Mehl und 80 g Parmesan untermischen. Den Teig mit Salz und Pfeffer sehr würzig abschmecken. Ist der Teig noch klebrig, weiteres Mehl und weiteren Parmesan unterkneten.

Knackpunkt: Je weniger Mehl im Teig ist, desto flaumiger werden die Gnocchi. Also besser nicht der Versuchung nachgeben, mit viel Mehl die Gnocchi formbarer zu machen.

Den Teig in Frischhaltefolie gewickelt im Kühlschrank etwa 10 Minuten ruhen lassen, damit er etwas fester wird.

Den Teig in vier Portionen teilen und diese auf der mit reichlich Mehl bestäubten Arbeitsfläche zu Rollen von etwa 2 cm Durchmesser formen. Die Rollen in etwa 2 cm große Stücke schneiden und diese zu Kugeln formen. Die Kugeln mit Mehl bestäuben und über die Rückseite einer Gabel rollen.

In einem großen Topf reichlich Salzwasser aufkochen. Die Gnocchi hineingeben und 2 bis 3 Minuten kochen, bis sie nach oben steigen. Dann weitere 4 bis 5 Minuten gar ziehen lassen. Die Gnocchi in ein Sieb abgießen und abtropfen lassen. Nach Belieben mit Nussbutter (siehe unten) servieren.

Nussbutter ist fix gemacht: reichlich Butter bei mittlerer Hitze köcheln lassen, bis die Eiweißbestandteile ausflocken und nussbraun sind.

#

Auch fein: Mohnbutter. Dafür Butter in einer Pfanne zerlassen, etwa 1 EL Mohnsamen und nach Belieben 1 Knoblauchzehe (in Scheiben) dazugeben. Gnocchi darin wenden.

Ricotta-Gnocchi
mit geschmolzenen Tomaten & Kapern

Kartoffel-Gnocchi selbst zu machen, wird belohnt mit einem wahren Geschmackserlebnis. Aber es ist auch ein zeitintensives. Das mal eben nach der Arbeit? Kann man machen, macht aber kaum einer. Aber es gibt zum Glück diese leckere Alternative. Geht schnell. Ist so schmackhaft. Perfekt für After Work. Da könnte ich eine Badewanne voll essen.

Für 4 Personen

1 Rezept Ricotta-Gnocchi (siehe S. 81)
Salz • Öl für das Blech
1 rote Chilischote
4 Knoblauchzehen
4 EL Olivenöl
3 Anchovis (in Öl)
500 g Cocktailtomaten
1 EL Kapern
Pfeffer aus der Mühle
1 Bund Basilikum
1 Kugel Mozzarella (ca. 125 g)

Express

Wenn's besonders fix gehen soll, bereite ich die Gnocchi am Vortag zu oder greife auch schon mal zu Kartoffel-Gnocchi aus dem Kühlregal.

Zubereitung

Die Gnocchi wie im Grundrezept auf S.81 beschrieben zubereiten, garen und in einem Sieb abtropfen lassen. Dann auf einem mit Öl eingefetteten Backblech oder einer Platte verteilen und abkühlen lassen.

 # Knackpunkt: Beim Abkühlen werden die Gnocchi etwas kompakter. Dann kann man sie hinterher braten, ohne dass sie zerfallen.

Die Chilischote längs halbieren, entkernen, waschen und in feine Würfel schneiden. Den Knoblauch schälen und in feine Würfel schneiden. Das Olivenöl in einer Pfanne erhitzen, Chili, Knoblauch und die abgetropften Anchovis (nach Belieben vorher dritteln) darin bei mittlerer Hitze etwa 2 Minuten anschwitzen.

Die Tomaten waschen und halbieren. Die Hitze erhöhen und die Tomaten mit dem Anchovis-Mix 5 bis 8 Minuten dünsten, bis sie „geschmolzen", also etwas ausgelaufen sind. Die Kapern untermischen. Dann die Gnocchi hinzufügen und 3 bis 4 Minuten mitbraten. Mit Salz und Pfeffer würzen.

Das Basilikum waschen und trocken schütteln, die Blätter abzupfen und fein schneiden. Den Mozzarella zerzupfen und mit dem Basilikum auf den Gnocchi verteilen. Nach Belieben mit geriebenem Parmesan bestreuen und die Gnocchi in der Pfanne servieren.

Zubereitungszeit ca. 25 Min. Abkühlzeit ca. 20 Min.

Gebratene Salatherzen
mit Spargel und pochiertem Ei

Es war spätabends, meine Freundin hatte Hunger, der Kühlschrank war aber ziemlich leer. Das Ergebnis war dieses Gericht. Sie sagte: „Alex, das MUSS unbedingt noch ins Buch!“

Für 4 Personen

Für die pochierten Eier:
1 Spritzer Apfel- oder Weißweinessig
4 Eier

Für den Salat:
12 Stangen grüner Spargel
Salz • 4 Salatherzen
2 EL Olivenöl
Pfeffer aus der Mühle
1 Bund Petersilie

Für das Dressing:
3 EL Balsamcio bianco
1 Eigelb • 1 Anchovis
60 ml Öl
25 g geriebener Parmesan
1 TL Trüffelöl (nach Belieben)
Salz • Pfeffer aus der Mühle

Für die Knusperbrösel:
1 Knoblauchzehe
50 g Butter
120 g Semmelbrösel
Salz • 1 TL Thymianblättchen

Zubereitungszeit ca. 25 Min.

Zubereitung

Für die pochierten Eier in einem Topf reichlich Wasser aufkochen und den Essig hinzufügen. Den Topf vom Herd nehmen. 1 Ei in eine Tasse aufschlagen. In dem Essigwasser durch Rühren mit einem Löffel einen Wasserstrudel erzeugen. Das Ei zügig ins Wasser gleiten lassen und etwa 4 Minuten pochieren. Dann mit dem Schaumlöffel herausheben und auf einen mit Küchenpapier belegten Teller geben. Die anderen 3 Eier auf die gleiche Weise pochieren. Die Eier im Backofen bei 50 °C warm halten.

Für den Salat den Spargel waschen und die Enden abschneiden. Den Spargel in Salzwasser etwa 3 Minuten bissfest garen. Herausheben und abschrecken.

Knackpunkt: Grünes Gemüse schreckt man eiskalt ab, damit der Garprozess unterbrochen wird und es seine leuchtende Farbe behält.

Die Salatherzen putzen, waschen, trocken schütteln, halbieren oder vierteln. Das Olivenöl in einer Pfanne erhitzen und den Salat auf den Schnittflächen hellbraun braten. Mit Salz und Pfeffer würzen. Den Salat herausnehmen und den Spargel im restlichen Bratfett 1 bis 2 Minuten rösten.

Für das Dressing Essig, Eigelb und Anchovis in einem hohen Rührbecher mit dem Stabmixer pürieren. Das Öl nach und nach untermixen, sodass ein cremiges Dressing entsteht. Den Parmesan und nach Belieben Trüffelöl untermixen. Mit Salz und Pfeffer kräftig abschmecken.

Für die Knusperbrösel den Knoblauch schälen und andrücken. Die Butter in einer Pfanne erhitzen, den Knoblauch hinzufügen und die Semmelbrösel darin knusprig rösten. Den Knoblauch entfernen, mit Salz würzen und die Brösel mit dem Thymian mischen.

Petersilie waschen, trocken schütteln, Blätter abzupfen und fein hacken. Spargel mit dem Salat anrichten, Dressing und Petersilie darüber verteilen. Jeweils 1 pochiertes Ei und ein Viertel der Brösel daraufgeben.

Essig-Wunder

Zum Pochieren der Eier nehme ich einen möglichst „bissigen“ Essig, denn die Säure des Essigs bindet das Eiweiß der Eier. Balsamico bianco eignet sich z.B. nicht so gut. Falls aber gerade kein anderer zur Hand ist, einfach mehr davon nehmen. Das Wasser sollte leicht nach Essig schmecken.

Kabeljau im Bierteig

mit Sauce tartare

In den Restaurants, in denen ich gearbeitet habe, gab es immer tolle Fischgerichte. Die meisten würden in diesem Buch mindestens vier Seiten in Anspruch nehmen. Dabei ist das perfekte Fischgericht so einfach, denn was mag wirklich JEDER? Genau: Fish and Chips oder Fischstäbchen. Und wie viel eine auf die Schnelle selbst gemachte Sauce tartare ausmacht, schmeckt auch jeder!

Für 4 Personen

Für die Sauce tartare:

2 Eier
150 g Essiggurken
1 TL Kapern
200 g Mayonnaise (Fertigprodukt oder selbst gemacht, siehe S. 28)
2 EL gehackte Petersilie
Salz • Pfeffer aus der Mühle
2 EL Balsamico bianco
½ Bio-Zitrone

Für den Teig:

130 g Mehl
50 g Speisestärke
280 ml helles Bier
1 Msp. Currypulver
Salz • Pfeffer aus der Mühle

Außerdem:

1 l Öl zum Frittieren
4 Kabeljaufilets (à 150 g)
Salz • 3 EL Mehl

Zubereitungszeit ca. 30 Min.

Zubereitung

Für die Sauce tartare die Eier etwa 10 Minuten hart kochen. Inzwischen für den Teig Mehl, Speisestärke, Bier und Currypulver mit dem Schneebesen zu einem sämigen Teig verrühren und mit Salz und Pfeffer würzen.

Die Eier pellen und fein hacken. Essiggurken und Kapern ebenfalls fein hacken. Die Mayonnaise mit Eiern, Essiggurken, Kapern und Petersilie verrühren. Die Sauce tartare mit Salz, Pfeffer und Essig abschmecken. Die Zitrone heiß waschen, trocken tupfen, die Schale in die Sauce tartare reiben und untermischen.

In einem weiten Topf das Öl auf 180 °C erhitzen. (Die Temperatur ist erreicht, wenn an einem hineingehaltenen Holzlöffelstiel Bläschen entstehen.) Die Fischfilets waschen, trocken tupfen und mit Salz würzen. Das Mehl auf einem Teller verteilen und die Filets darin wenden.

Die Fischstücke durch den Teig ziehen und im Öl 3 bis 5 Minuten goldgelb backen, dabei zwischendurch wenden. Mit dem Schaumlöffel herausheben und auf Küchenpapier abtropfen lassen. Die Kabeljaufilets mit der Sauce tartare auf Tellern anrichten.

 # Knackpunkt: die Filets mit einem Löffel oder Pfannenwender umdrehen, nicht mit einer Gabel. Die Panade kann sonst Risse bekommen, in die das Frittieröl läuft.

Überbackene Schinkenfleckerl

mit grünem Salat

Es gibt fast nichts Besseres. Das war der Renner fürs Personalessen im Restaurant. Ich habe eigentlich immer diesen Auflauf gemacht. Wie gesagt: Es gibt fast nichts Besseres.

Für 4 Personen

Für die Schinkenfleckerl:
300 g Fleckerl-Nudeln (ersatzweise Hörnchen oder Farfalle)
Salz • 1 Zwiebel
220 g Beinschinken (in Scheiben)
2–3 Eier
500 g saure Sahne
Pfeffer aus der Mühle
1 Bund Petersilie
80 g Butter
1 EL gehackte Majoranblätter (ersatzweise getrockneter Majoran)
100 g geriebener Gouda

Für den Salat:
1 TL Estragonsenf
4 EL Balsamico bianco
4 EL Kürbiskernöl
Salz • Pfeffer aus der Mühle
1 Kopfsalat • 3 Radieschen
½ Bund Schnittlauch

Außerdem:
Butter für die Form

Zubereitung

Für die Schinkenfleckerl die Nudeln in reichlich Salzwasser nach Packungsanweisung kernig garen, das heißt, sie sollen angegart sein, aber noch einen rohen Kern haben. Den Backofen auf 180 °C vorheizen.

Die Zwiebel schälen und in feine Würfel schneiden. Den Schinken in kleine Stücke schneiden. Die Eier mit der sauren Sahne verrühren und mit Salz und Pfeffer würzen. Die Petersilie waschen und trocken schütteln, die Blätter abzupfen und fein hacken.

Die Butter in einer Pfanne erhitzen und die Zwiebel darin glasig anschwitzen. Den Majoran und den Schinken kurz mitbraten. Die Fleckerl und die Eier-Sahne-Mischung untermischen. Die Petersilie und ein Drittel des Käses unterrühren.

 # Knackpunkt: Nicht wundern, die Eier-Sahne-Mischung ist sehr cremig, doch die Pasta saugt beim Garen jede Menge Flüssigkeit auf.

Eine Auflaufform (etwa 20 × 30 cm) mit Butter einfetten, die Schinkenfleckerl einfüllen und im Backofen auf der mittleren Schiene etwa 15 Minuten backen. Den restlichen Käse darüberstreuen und die Grillfunktion bzw. Oberhitze einstellen. Die Schinkenfleckerl 3 bis 5 Minuten goldbraun überbacken.

Für den Salat Senf, Essig und Öl in einer großen Schüssel zu einem Dressing verrühren, mit Salz und Pfeffer würzen. Den Salat putzen, waschen und trocken schleudern, in mundgerechte Stücke zupfen. Die Radieschen putzen, waschen und in Scheiben schneiden. Den Schnittlauch waschen, trocken schütteln und in Röllchen schneiden. Den Salat in der Schüssel mit dem Dressing, Radieschen und Schnittlauch mischen. Die Schinkenfleckerl mit dem Salat servieren.

Zubereitungszeit ca. 30 Min.

In der Ruhe …

Je länger das Huhn in der Marinade ruht, desto aromatischer wird das Resultat. Wenn ich Zeit habe, lege ich das Fleisch deshalb schon am Vortag ein.

Chicken Karaage
mit Chili-Mayonnaise

Wer Backhendl mag, sollte sich schnellstens diese Zutaten besorgen und das Chicken Karaage machen, denn das ist, Entschuldigung, geiler Shit. Oder zumindest der absolute Hammer. Frittiertes Huhn auf Japanisch, mit all seinen Gewürz- und Geschmackseinflüssen, wird jeder lieben, der es sich mal zubereitet hat.

Für 4 Personen

Für das Karaage:
500 g Hähnchenoberkeulen (ausgelöst)
1 Stängel Zitronengras
2 Knoblauchzehen
170 ml Sojasauce
1 TL Honig
ca. 1 l Öl zum Frittieren
3 EL Kartoffelstärke
1 TL 7-Gewürze-Pulver

Für die Chili-Mayonnaise:
1 Bio-Zitrone
120 g Mayonnaise (Fertigprodukt oder selbst gemacht, siehe S. 28)
1 EL Srirachasauce

Außerdem:
1 Bio-Zitrone

Zubereitung

Für das Karaage das Hähnchenfleisch waschen, trocken tupfen und in etwa 5 cm große Stücke schneiden. Vom Zitronengras die welken Außenblätter und die obere trockene Hälfte entfernen, die untere Hälfte fein hacken. Den Knoblauch schälen und andrücken.

Sojasauce, Honig, Zitronengras und Knoblauch in einer Schüssel verrühren und das Hähnchenfleisch darin mindestens 10 Minuten marinieren.

Für die Chili-Mayonnaise die Zitrone heiß waschen, trocken reiben und die Schale fein abreiben. Die Mayonnaise mit der Zitronenschale und der Srirachasauce verrühren.

In einem weiten Topf das Öl auf 180 °C erhitzen. (Die Temperatur ist erreicht, wenn an einem hineingehaltenen Holzlöffelstiel Bläschen entstehen.) Die Kartoffelstärke in einem tiefen Teller verteilen und die Hähnchenfleischstücke darin wälzen.

 # Knackpunkt: bitte unbedingt Kartoffelstärke verwenden. Mit Maisstärke wird die Hülle weniger crunchy, eher leicht mehlig. Fragt mich nicht warum, vertraut mir einfach!

Das Hähnchenfleisch portionsweise im heißen Öl goldbraun backen. Mit dem Schaumlöffel herausheben, auf Küchenpapier abtropfen lassen und mit 7-Gewürze-Pulver bestreuen. Die Zitrone heiß waschen und in Spalten schneiden. Das Chicken Karaage mit der Chili-Mayonnaise und den Zitronenspalten servieren.

Zubereitungszeit ca. 30 Min. Marinierzeit mind. 10 Min.

„Bequeme“ Zutaten

Convenience Food nennt man im Englischen die „bequemen“, also vorgefertigten Lebensmittel. Und ich gebe es gern zu: Es gibt eine ganze Reihe von fertigen Saucen, Teigen und Konserven, die von guter Qualität sind und einem das Kochen erleichtern.

Thunfisch

Eingelegten Thunfisch habe ich immer im Schrank. Am liebsten mag ich ihn, wenn er in Olivenöl eingelegt ist. Probiert verschiedene Marken aus, natur, in Sonnenblumenöl, in Olivenöl. Ihr werdet sehen, es gibt wirklich große Unterschiede in Qualität und Geschmack.

Etwas Thunfisch auf einem gemischten Salat ist ein wunderbares Abendessen im Sommer. Oder ich mixe ihn mit etwas Mayo – fertig ist ein Tramezzini-Belag. Und eine Pasta tonno ist ein After-Work-Klassiker, weil sie mit Olivenöl und Knoblauch komplett aus dem Vorrat kreiert werden kann.

Mayo

Sie ist zwar ruck, zuck selbst gemacht, doch wenn's wirklich schnell gehen soll oder man nur eine kleine Menge braucht, ist es kein Sakrileg, auch mal eine gute Fertigmayo zu verwenden.

Saucen aus der Flasche

Würzsaucen und -pasten geben Gerichten im Nu Aroma und Pfiff. Dies sind meine glorreichen Vier:

Tomatenmark

Tomatisieren ist meine Leidenschaft! Durch das Mitrösten von ein wenig Tomatenmark mit Gemüse oder Fleisch entsteht ein runder, süßlicher Geschmack.

Sojasaue

Sie ist ein Muss in der Asia-Küche. Weil sie sehr salzig ist, lasse ich dafür das Salz weg. Milde Varianten sind ideal für Marinaden, Dressings und Fisch.

Srirachasauce

Diese scharfe Sauce geht einfach immer! Sie ist ideal, um Mayo, Schmand oder Crème fraîche schnell etwas Pfiff zu verleihen – oder auch für einen puren Boost.

Wasabipaste

Sie ist schön scharf und macht Salatdressings mit Schmand und Sahnesaucen spannend. Probiert mal Gurke mit Minzjoghurt und Wasabi.

Konservierte Sonne

Tomaten in der Dose

Ich kaufe Tomaten nur, wenn sie an der Sonne gereift sind. Bevor ich Wintertomaten aus dem Gewächshaus nehme, greife ich wie die italienische Mamma lieber zu Dosentomaten – pur, ohne Kräuter und Gewürze. Aber auch hier gibt es riesige Unterschiede: Probiert diverse Marken aus, denn manche sind säuerlicher, andere milder, manche aromatischer.

Schnell gebacken

Teige aus dem Kühlen

BLÄTTERTEIG: Ich kenne niemanden, der Blätterteig selbst macht, das ist einfach zu aufwendig. Blätterteig gibt es in guter Qualität im Kühlregal oder in der Tiefkühltheke. Er ist immer gut für einen schnellen Snack zum Glaserl Wein: Blätterteig in Streifen schneiden, mit Ei bestreichen, Sesam, Mohn oder geriebenen Käse daraufstreuen und etwas grobes Meersalz dazu. Die Streifen spiralförmig verdrehen und knusprig goldbraun backen.

STRUDELTEIG: Einfach mal schnell einen Millirahmstrudel backen, das liebe ich! Mit einem guten Fertigteig ist das kein Luxus. Oder auch mal einen Apfelstrudel – Äpfel hobeln, ein paar Brösel rein, fertig.

★ *Eis, Baby!* ★

Vanilleeis gibt's bei mir immer – und zwar von bester Qualität mit feinem Vanillegeschmack und nicht pappsüß. Ich liebe es zum Schokokuchen, mit Beerenragout, mit Zimtbröseln, mit geriebenem Apfel oder im Eiskaffee.

Weitblick

Convenience homemade ...

... heißt das Zauberwort! Ich habe deshalb stets einige Gläser selbst gemachte Tomatensauce und selbst gemachtes Pesto im Vorrat (siehe S. 106/107). Reste von Saucen, Suppen, Chutneys oder Röster friere ich in **Eiswürfelbehältern** ein. So kann ich schnell eine kleine Portion entnehmen, für einen Saucenansatz, einen Dip zum Fleisch oder für einen Beerenröster auf Eis.

#

Beeren on Ice

Bevor ich Beeren kaufe, die wenig Sonne abbekommen haben, greife ich lieber zu guten TK-Beeren.

Für Frozen Joghurt und Kompott nehme ich die Beeren in gefrorenem Zustand, doch für Kuchen lasse ich sie vorher **auftauen**. Dafür lege ich sie flach aus und gebe sie aufgetaut vorsichtig in ein Sieb zum Abtropfen.

Frozen Joghurt

Zwei auf einen Streich: Hier dienen die gefrorenen Beeren gleichzeitig als Kühlung. TK-Beeren, Joghurt und etwas Honig oder Zucker einfach mit dem Stabmixer pürieren, fertig. So hat man im Handumdrehen auch in der kalten Jahreszeit ein vitaminreiches Dessert (siehe S. 136).

Beerenragout

Ob warm oder kalt, Kompott ist ein heiß geliebter Begleiter zu Pfannkuchen oder Milchreis. Es pimpt Quark oder Joghurt und macht aus einer Kugel Eis ein besonderes Dessert. Die TK-Beeren mit einem Stückchen Zimtstange, Zucker, Vanillemark und Bio-Orangenschale aufkochen lassen. Sofort vom Herd nehmen und nach Belieben lauwarm oder kalt genießen. Kompottreste kann man einfrieren.

Happy Weekend

Heute wird aufgekocht

Wir müssen alle immer mehr arbeiten, sehen unsere Partner, unsere Familien dadurch in der Woche immer weniger. Ich habe das Gefühl, die Freizeit hat eine größere Bedeutung als jemals zuvor. Besonders die Wochenenden. Da findet man die Zeit, etwas zusammen zu machen. Gemeinsam einzukaufen, auch Produkte, die man nicht immer im Kühlschrank hat, für die man vielleicht einmal auf den Markt gehen muss oder in einen Spezialitätenladen. Ein bisschen mehr Zeit, ein bisschen mehr Ruhe zum Kochen, vielleicht gemeinsam mit Familie oder Freunden, was aber nicht heißen soll, dass es „überaufwendig“ werden muss. Ganz automatisch stellt sich ein wenig mehr Beachtung für das Essen ein, das man auf den Tisch bringt und das innerhalb der Woche viel zu oft zwischen Tür und Angel stattfindet. Für mich optimal, um ein happy Weekend zu genießen.

Vitello tonnato

mit Petersilien-Gurkensalat

Klar, ein italienischer Klassiker. Mir ist es wichtig, dass die Sauce eine gewisse Säure hat, das nimmt ihr die Schwere. Und dass das Kalb rosa und noch lauwarm ist. Bei mir gibt es roh marinierten Thunfisch dazu. Das macht diesen Klassiker dann doch einzigartig.

Für 4 Personen

Für das Kalbfleisch:
500 g Kalbsfilet (küchenfertig)
Salz • 2 EL Olivenöl

Für die Thunfischcreme:
1 Dose Thunfisch (in Öl; 150 g Abtropfgewicht) • 1 TL Kapern
50 g Mayonnaise (Fertigprodukt oder selbst gemacht, siehe S. 28)
1 Anchovis
3–4 EL Balsamcio bianco
1 Spritzer Tabasco
Cayennepfeffer • 1 Msp. Zucker

Für den Thunfisch:
300 g frischer Thunfisch (Sushi-Qualität)
1 Bio-Zitrone • 4 EL Olivenöl
Salz • Pfeffer aus der Mühle

Für den Salat:
1 Bund Petersilie • 1 Bio-Salatgurke • Saft von ½ Zitrone
3 EL Olivenöl
Salz • Pfeffer aus der Mühle

Zubereitung

Für das Kalbfleisch den Backofen auf 160 °C vorheizen. Das Kalbsfilet mit Salz würzen. Das Olivenöl in einer ofenfesten beschichteten Pfanne erhitzen und das Fleisch darin rundherum etwa 2 Minuten goldbraun braten. Die Pfanne auf das Ofengitter stellen und das Fleisch im Ofen auf der mittleren Schiene 15 bis 20 Minuten zartrosa garen (Kerntemperatur: 54 °C). Herausnehmen und 10 bis 15 Minuten ruhen lassen.

Knackpunkt: Die Ruhezeit ist wichtig, damit sich der Fleischsaft setzt und beim Aufschneiden nicht ausläuft.

Für die Thunfischcreme den Thunfisch abtropfen lassen. Thunfisch, Kapern, Mayonnaise, Anchovis, Essig, Tabasco, Cayennepfeffer und Zucker in einem hohen Rührbecher mit dem Stabmixer pürieren.

Für den Thunfisch den frischen Thunfisch waschen, trocken tupfen und in 2 bis 3 mm dicke Scheiben schneiden. Die Zitrone heiß waschen, trocken reiben und die Schale über den Thunfisch reiben. Olivenöl darüberträufeln, Salz und Pfeffer darüberstreuen.

Für den Salat die Petersilie waschen und trocken schütteln, die Blätter abzupfen und grob schneiden. Die Gurke waschen, längs halbieren, mit einem Löffel die Kerne entfernen. Die Hälften in 2 bis 3 mm dicke Scheiben oder in Stifte schneiden. Zitronensaft, Olivenöl, Petersilie, Salz und Pfeffer in einer Schüssel verrühren und die Gurke darin marinieren.

Lauwarmes Kalbfleisch in 3 bis 4 mm dicke Scheiben schneiden. Etwas Thunfischcreme auf Teller verteilen, Fleisch und Thunfisch dachziegelartig darauf anrichten und mit der übrigen Thunfischcreme beträufeln. Vitello tonnato mit dem Gurkensalat servieren. Dazu passt Weißbrot.

Zubereitungszeit ca. 25 Min. Garzeit ca. 20 Min. Ruhezeit ca. 15 Min.

Finger-Tipp

Wer kein Fleischthermometer besitzt, drückt das Fleisch zwischen Zeigefinger und Daumen zusammen – es ist ideal gegart, wenn es zwar nachgibt, aber noch einen leichten Widerstand bietet.

Kartoffel-Lauch-Gratin

In meiner Erinnerung hat Papa dieses Gratin immer gemacht und wenn es aus dem Rohr kam, wollte ich sofort das leicht Angebrannte an den Rändern der Auflaufform abknuspern. Wir Köche lieben einfach Röstaromen. Und ich liebte sie schon als Kind.

Für 4 Personen

2 Knoblauchzehen
Butter für die Form
700 g festkochende Kartoffeln
1 Stange Lauch (ca. 200 g)
500 g Sahne
Salz
frisch geriebene Muskatnuss
100 g geriebener Parmesan

Zubereitung

Den Backofen auf 180 °C vorheizen. Den Knoblauch schälen, 1 Zehe halbieren und eine Auflaufform (20 × 30 cm) damit ausreiben. Die Form mit Butter einfetten. Die zweite Knoblauchzehe andrücken.

Die Kartoffeln schälen, waschen und in 2 bis 3 mm dicke Scheiben schneiden. Den Lauch putzen, waschen, trocken schütteln und ebenfalls in 2 bis 3 mm dicke Scheiben schneiden. Die Kartoffel- und Lauchscheiben abwechselnd überlappend in die Form schichten.

Die Sahne in einem Topf mit den beiden Knoblauchzehen zum Kochen bringen, sehr kräftig mit Salz und Muskatnuss würzen.

\# **Knackpunkt:** Die Sahne darf leicht versalzen schmecken, denn die Kartoffeln benötigen viel Würze. Das fertige Gratin schmeckt dann gerade richtig.

Den Knoblauch entfernen und die Sahne über die Kartoffel- und Lauchscheiben gießen. Den Parmesan darüberstreuen und das Gratin im Ofen auf der mittleren Schiene etwa 20 Minuten goldbraun backen. Herausnehmen und heiß servieren.

Gemüsetausch: Den Lauch kann man auch einfach gegen die gleiche Menge Kürbis oder Zucchini ersetzen. Wer das Gratin nicht so reichhaltig möchte, kann die Hälfte der Sahne gegen Milch tauschen. Das Gratin schmeckt solo, aber auch als Beilage zu gebratenem Fleisch.

Zubereitungszeit ca. 20 Min. Garzeit ca. 20 Min.

Eierschwammerl-Gulasch mit Ricottaknödeln

Es gibt so ein paar Gerichte, wenn man die von einem Lehrmeister auf hohem Niveau beigebracht bekommen hat, dann hat man was fürs Kochleben gelernt. Dann weiß man, wofür es sich lohnt, in die Lehre gegangen zu sein. Hier paukte mir der Gerer ein: „Es braucht Zeit. Und wenn du denkst, die Zeit sei abgelaufen, dann gibst dem Gulasch noch mehr Zeit.“

Für 4 Personen

Für die Knödel:
600 g Ricotta
Salz
1 Ei
350 g geriebener Parmesan
75 g Mehl
frisch geriebene Muskatnuss

Für das Gulasch:
1 Zwiebel
2 Knoblauchzehen
2 rote Paprikaschoten
3 EL Öl
1 kg Pfifferlinge (Eierschwammerl)
2 EL Tomatenmark
2 EL Paprikapulver (edelsüß)
ca. 4 EL Balsamico bianco
100 g Sahne
Salz • Pfeffer aus der Mühle
1 TL Butter
3 EL gehackte Petersilie

Zubereitung

Für die Knödel den Ricotta in einem Sieb abtropfen lassen.

Knackpunkt: Man muss den Ricotta nicht unbedingt abtropfen lassen, aber die Knödel sind mit trockenerem Ricotta besser formbar.

Für das Gulasch Zwiebel und Knoblauch schälen und in grobe Würfel schneiden. Die Paprika längs halbieren, entkernen, waschen und in grobe Stücke schneiden. Das Öl in einer Pfanne erhitzen und die Zwiebel darin glasig anschwitzen. Den Knoblauch und die Paprika dazugeben und bei schwacher Hitze mindestens 30 Minuten mitdünsten.

Inzwischen die Pilze putzen und, falls nötig, mit Küchenpapier oder einem Pinsel säubern. Tomatenmark und Paprikapulver zur Paprika-Zwiebel-Mischung geben und unter Rühren 1 bis 2 Minuten mitrösten. Mit 3 EL Essig ablöschen, ¼ l Wasser und die Sahne hinzufügen und etwas einkochen lassen. Die Paprikamischung kräftig mit Salz und Pfeffer würzen und in einem hohen Rührbecher mit dem Stabmixer fein pürieren. Die Sauce durch ein Sieb gießen und cremig einköcheln lassen.

Eine große beschichtete Pfanne erhitzen und die Pilze darin bei starker Hitze goldbraun braten. Die Butter unterschwenken. Die Pilze und die Petersilie zur Paprikasauce geben und mit Salz und Essig abschmecken.

Für die Knödel in einem großen Topf reichlich Salzwasser zum Kochen bringen. Ricotta, Ei, Parmesan, Mehl, Salz und Muskatnuss verrühren. Aus der Masse mit angefeuchteten Händen etwa 12 Knödel formen. Knödel im Salzwasser aufkochen lassen. Wenn sie an die Oberfläche steigen, 5 bis 8 Minuten ziehen lassen. Dann mit dem Schaumlöffel herausheben und mit dem Eierschwammerl-Gulasch anrichten.

Zubereitungszeit ca. 1 Std.

i-Tüpfelchen

Ich wälze die Knödel nach dem Kochen auch gerne noch in gehackten Kräutern oder in Nussbutter (siehe S. 81).

Spargelrisotto
mit Pinienkernen und Eigelb

Einer meiner italienischen Lehrmeister verdient den Titel „Risotto-Gott". Er ist begnadet, was die Zubereitung dieses Klassikers angeht. Einer seiner Lehrsprüche war immer: „Wenn der Risotto auf den Tisch kommt, muss er flach auf dem Teller verlaufen." Deswegen hat er Risotto auch nie im tiefen Teller serviert. Ich finde es jedoch optisch oftmals stimmiger, wundert euch also nicht, wieso ihr links einen tiefen Teller seht.

Für 4 Personen

1 Zwiebel
4 EL Olivenöl
250 g Risottoreis
200 ml Weißwein
Salz • Pfeffer aus der Mühle
1¼ l heiße Hühner- oder Gemüsebrühe
400 g weißer Spargel
2 EL Zucker
50 g Pinienkerne
70 g Butter
120 g geriebener Parmesan
2 EL gehackte Petersilie
4 sehr frische Eigelb

Zubereitung

Die Zwiebel schälen und in feine Würfel schneiden. In einem Topf das Olivenöl erhitzen und die Zwiebel darin glasig anschwitzen. Den Reis dazugeben und kurz mitdünsten. Mit dem Wein ablöschen, mit Salz und Pfeffer würzen und den Wein einkochen lassen. So viel Brühe angießen, dass der Reis bedeckt ist, und unter häufigem Rühren einköcheln lassen.

 # Knackpunkt: Die Brühe beim Risotto muss heiß sein! Beim Kontakt mit kalter Flüssigkeit würden sich die Reiskörner zusammenziehen und der Garprozess würde unterbrochen werden.

Wieder Brühe angießen und ebenfalls unter Rühren einköcheln lassen. So weiterverfahren, bis der Risotto bissfest gegart ist und eine sämig-flüssige Konsistenz hat. (Der Risotto soll auf dem Teller zerlaufen.)

Inzwischen den Spargel schälen und die Enden abschneiden. Die Stangen in kräftig gesalzenem Wasser mit dem Zucker 5 bis 8 Minuten knackig bis bissfest kochen. Die Pinienkerne in einer Pfanne ohne Fett goldbraun rösten.

Den Spargel aus dem Wasser heben und schräg in etwa 2½ cm große Stücke schneiden. Den Spargel unter den Risotto mischen. Die Butter in Stückchen, den Parmesan und die Petersilie unterrühren.

Den Risotto in tiefe Teller verteilen und die Pinienkerne daraufstreuen. Jeweils eine kleine Mulde in den Risotto drücken, 1 Eigelb hineinsetzen und mit Salz und Pfeffer würzen. Beim Essen zerläuft dann das Eigelb und vermischt sich mit den anderen Zutaten.

Zubereitungszeit ca. 40 Min.

Basic No. 4

Tomaten-sauce & Pesto

„Damit macht ihr jeder italienischen Mamma Konkurrenz!“

Tomatensauce & Pesto

Ohne sie geht (fast) nichts. Tomatensauce ist die Grundlage zahlreicher Rezepte, deshalb ist es mir wichtig, dass sie mit Liebe und Leidenschaft zubereitet wird. Und Pesto passt sowieso immer!

Basic-Tomatensauce

Für ca. 800 g

+ *4 Knoblauchzehen*
+ *1 Chilischote*
+ *8 EL Olivenöl*
+ *4 kleine Dosen Tomaten (à 400 g)*
+ *Salz*
+ *Pfeffer aus der Mühle*

Zubereitung

Den Knoblauch schälen und andrücken. Die Chilischote längs halbieren, entkernen, waschen und in kleine Würfel schneiden.

Das Olivenöl in einem Topf erhitzen und den Knoblauch darin bei mittlerer Hitze 2 bis 3 Minuten andünsten. Chili und Tomaten hinzufügen und mit Salz und Pfeffer würzen.

Die Tomatensauce einkochen lassen – das dauert je nach gewünschter Konsistenz 1 bis 1½ Stunden. Nach Belieben die Sauce mit dem Stabmixer noch fein pürieren.

Knackpunkt: Je länger die Sauce köchelt, desto aromatischer und ausgewogener schmeckt sie.

Für Aufläufe nehme ich eine etwas flüssigere Sauce, das heißt, ich köchle sie etwas kürzer. Für Pasta kann die Tomatensauce gar nicht cremig genug sein.

Alternativ kann man auch frische Tomaten für die Sauce verwenden. (Das mache ich aber nur im Sommer, denn die Sauce steht und fällt mit der Qualität der Tomaten.) Die Tomaten kreuzförmig einritzen, ein paar Sekunden in kochendes Wasser legen, abschrecken und die Haut abziehen. Die Tomaten in Stücke schneiden und die Sauce wie links beschrieben fertigstellen.

Übrige Tomatensauce fülle ich heiß in Schraubgläser und lasse sie abkühlen. Im Kühlschrank ist sie mehrere Wochen haltbar. Ihr könnt sie aber auch abgekühlt in Boxen oder Beuteln einfrieren.

Alla mamma

Alle meine Lehrjahre hindurch musste ich komplizierte Tomatensaucen machen. Erst als ich in Italien in einer Trattoria mit der Mamma eine Sauce kochen durfte, hatte ich mein ultimatives Rezept: Es braucht nur wenige Zutaten, das A & O sind gute Tomaten – im Sommer frisch, im Winter aus der Dose. Knoblauch pusht das Aroma, Olivenöl ist Geschmacksträger.

Alex’ grünes Pesto

Für ca. 500 g

- *+ 200 g Basilikum*
- *+ 50 g Pinienkerne*
- *+ 1 Knoblauchzehe*
- *+ 150 ml Olivenöl*
- *+ 100 g geriebener Parmesan*
- *+ Salz*
- *+ Pfeffer aus der Mühle*
- *+ 2–3 Eiswürfel*

Zubereitung

Das Basilikum waschen, trocken schütteln und samt Stielen grob schneiden. Dann mit den übrigen Zutaten in einem hohen Rührbecher mit dem Stabmixer grob pürieren – es dürfen noch Stückchen sichtbar sein.

Knackpunkt: Das Pesto nur so lange wie unbedingt nötig mixen. Beim Mixen entsteht Wärme und dadurch verblasst das leuchtende Grün des Basilikums.

Das Pesto sofort verwenden. Übriges Pesto in Eiswürfelformen füllen, mit Frischhaltefolie bedecken und einfrieren. So kann man nach Bedarf kleine Portionen auftauen.

Oder man füllt das Pesto in Gläser und bewahrt es im Kühlschrank auf. Ich wickle die Gläser meist noch in Alufolie, denn durch Licht verblasst das schöne Grün des Pestos.

Traditionell stellt man Pesto im Mörser her. Die Zutaten werden lediglich zerrieben und die Konsistenz ist viel gröber, als wir es von gemixtem oder gekauftem Pesto kennen.

#

Wer keine Eiswürfel zur Hand hat, die das Erwärmen der Zutaten beim Mixen verhindern, püriert ein paar Blätter Petersilie mit. Sie sorgen für zusätzliche Farbpower.

Neue Noten

Mal was anderes als Basilikum: Auch mit Rucola, Petersilie oder Radieschengrün (vor allem im Frühjahr) schmeckt das Pesto supergut. Probiert es gelegentlich mal mit anderen Nüssen – Haselnüssen, Mandeln, Walnüssen. Oder mit einem Nusspesto ganz ohne Kräuter: dafür die Nüsse im Backofen rösten, mörsern und mit Olivenöl und Parmesan mischen.

Kräuteröl

Über Tage hinweg sammle ich beim Kochen die Abschnitte von Kräutern in einer Box, hacke sie dann mit einer Knoblauchzehe klein und verrühre sie mit Olivenöl – fertig ist ein feines Kräuteröl als Marinade für Fisch oder Hähnchen.

Pesto aufs Brot

Es muss nicht immer Schinken-Käse-Toast sein. Probiert mal Pesto und Mozzarella auf Brot oder Pesto mit Prosciutto oder einfach Pestobrot statt Butterbrot.

Aubergine alla Parmigiana

Bei vegetarischen Gerichten braucht es besondere Künste. Hier zum Beispiel muss man sich mit einer Aubergine auseinandersetzen. Sie ist der Hauptakteur. Manchmal wird sie ja belächelt, weil sie angeblich nach nichts schmeckt. Der Trick ist: Man muss das Wasser rausholen, dann schmeckt sie auch nach Aubergine. Und man muss sie kombinieren. Der Parmesan ist wie ein Brandbeschleuniger. Auf einmal lodert der Auberginengeschmack noch stärker durchs Gericht durch.

Für 4 Personen

500 g Tomatensauce (selbst gemacht, siehe S. 106)
4 Auberginen
Salz
ca. 10 EL Olivenöl
2 Bund Basilikum
4 Kugeln Mozzarella (à 125 g)
400 g geriebener Parmesan
Pfeffer aus der Mühle

Zubereitung

Die Tomatensauce nach dem Grundrezept auf S. 106 zubereiten. Die Auberginen putzen, waschen, quer in etwa 1 cm dicke Scheiben schneiden und beidseitig kräftig salzen. Die Scheiben 10 bis 15 Minuten Wasser ziehen lassen.

Knackpunkt: Wenn die Auberginen durch das Einsalzen Wasser verlieren, kann man sie besser braten. Das Gericht schmeckt zudem viel aromatischer, wenn weniger Wasser enthalten ist.

Die Auberginen mit Küchenpapier trocken tupfen. In einer beschichteten Pfanne etwas Olivenöl erhitzen und die Auberginen darin portionsweise jeweils 3 bis 4 Minuten auf beiden Seiten goldbraun braten. Herausnehmen, auf Küchenpapier abtropfen lassen.

Den Backofen auf 170 °C vorheizen. Eine große Auflaufform (etwa 30 × 40 cm) mit dem restlichen Olivenöl ausstreichen. Das Basilikum waschen und trocken schütteln, die Blätter abzupfen und grob schneiden. Den Mozzarella in Scheiben schneiden.

Den Boden der Form mit Auberginenscheiben auslegen. Etwas Tomatensauce darüber verteilen und mit Parmesan, Basilikum und Pfeffer bestreuen. Ein paar Mozzarellascheiben darauflegen. So weiterverfahren, bis alle Zutaten verbraucht sind. Abschließend den restlichen Parmesan daraufstreuen. Die Parmigiana im Ofen auf der mittleren Schiene 30 bis 40 Minuten goldbraun backen.

Zubereitungszeit ca. 40 Min. Garzeit ca. 90 Min. Backzeit ca. 40 Min.

Schneller

Anstatt die Gnocchi in brauner Butter zu schwenken, kann man sie auch direkt in der Pilzsauce erwärmen oder einfach nur in Butter anbraten.

Ricotta-Gnocchi

mit Pilzen und Knusperbröseln

Ich liebe gute Kochbücher. Daher war es umso schwieriger für mich, die passenden Rezepte für meinen Erstling auszuwählen. Aber auf dieses Rezept bin ich richtig stolz!

Für 4 Personen

Für die Ricotta-Gnocchi:
1 Rezept Ricotta-Gnocchi (siehe S. 81)
Mehl zum Verarbeiten

Für die Pilze:
250 g Pilze (Kräuterseitlinge, Steinpilze, Champignons, Pfifferlinge)
3 Knoblauchzehen
3 EL Olivenöl
100 ml Portwein
100 ml Weißwein
¼ l Hühner- oder Gemüsebrühe
Salz • Pfeffer aus der Mühle
1 Zweig Rosmarin • 40 g Sahne
160 g geriebener Parmesan
1 Bund Petersilie

Für die Butterbrösel:
1 Knoblauchzehe
100 g Semmelbrösel
100 g Butter

Außerdem:
1 EL Butter

Zubereitung

Für die Gnocchi die Zutaten wie im Grundrezept auf S. 81 beschrieben verkneten und mindestens 10 Minuten ruhen lassen.

Für die Pilze die Pilze putzen und, falls nötig, mit Küchenpapier trocken abreiben. Den Knoblauch schälen und in feine Würfel schneiden. Das Olivenöl in einer Pfanne erhitzen und die Pilze darin bei starker Hitze goldbraun anbraten. Den Knoblauch kurz mitbraten. Mit Port- und Weißwein ablöschen und einkochen lassen. Die Brühe angießen und mit Salz und Pfeffer würzen. Den Rosmarin waschen und trocken schütteln, die Nadeln abzupfen und fein hacken. Rosmarin, Sahne und 100 g Parmesan in die Sauce geben. Die Pilzsauce etwa 5 Minuten cremig einköcheln lassen.

Den Ricottateig wie im Grundrezept beschrieben zu Gnocchi verarbeiten und garen. Dann in ein Sieb abgießen und abtropfen lassen.

Für die Butterbrösel den Knoblauch schälen und andrücken. Die Semmelbrösel mit dem Knoblauch in einer Pfanne bei mittlerer Hitze goldbraun rösten. Die Butter hinzufügen und die Brösel knusprig rösten. Den Knoblauch entfernen.

 # Knackpunkt: Röstet man die Semmelbrösel ohne Fett, werden sie schön gleichmäßig braun. Die Butter schmilzt anschließend sofort in der heißen Pfanne, verbrennt nicht und verbindet sich gut mit den Bröseln.

Die Butter in einer Pfanne erhitzen, nach Belieben braun werden lassen, und die Gnocchi darin schwenken. Die Petersilie waschen und trocken schütteln, die Blätter abzupfen und fein hacken. Die Petersilie in die Sauce rühren. Die Pilzsauce mit den Gnocchi auf Teller verteilen und mit dem restlichen Parmesan und den Butterbröseln bestreuen.

Zubereitungszeit ca. 45 Min. Ruhezeit ca. 10 Min.

Kartoffelgulasch

Schon wieder so eine Kindheitserinnerung. Ich habe das Gefühl, dass das so richtig typisch österreichisch ist. Es ist so leicht, ein schlechtes, langweiliges Kartoffelgulasch zu machen. Bei dem hier sollte das jedoch nicht der Fall sein.

Für 4 Personen

1 Zwiebel
5 Knoblauchzehen
1 rote Chilischote
3 EL Öl
2 EL Tomatenmark
4 EL Paprikapulver (edelsüß)
2 TL Kümmelpulver
1 EL getrockneter Majoran
2 getr. Lorbeerblätter
4 EL Balsamico bianco
1 l Rinder- oder Gemüsebrühe
800 g festkochende Kartoffeln
250 g grobe Fleischwurst
1 rote Paprikaschote
8 Essiggurken
100 g saure Sahne

Zubereitung

Die Zwiebel und den Knoblauch schälen und in feine Würfel schneiden. Die Chilischote längs aufschneiden, entkernen, waschen und in feine Würfel schneiden. Das Öl in einem Topf erhitzen, Zwiebel, Knoblauch und Chili darin goldbraun braten. Das Tomatenmark unterrühren und 1 bis 2 Minuten mitrösten. Paprika-, Kümmelpulver, Majoran und Lorbeerblätter einrühren und mit dem Essig ablöschen. Die Brühe sowie ½ l Wasser angießen und alles etwa 30 Minuten köcheln lassen.

Inzwischen die Kartoffeln schälen, waschen und je nach Größe vierteln oder achteln. Die Lorbeerblätter herausfischen und den Gewürzfond mit dem Stabmixer fein pürieren. Die Kartoffeln hinzufügen und etwa 20 Minuten bissfest garen.

Knackpunkt: unbedingt festkochende Kartoffeln verwenden. Sie binden die Sauce, bleiben beim Kochen aber in Form. Mehligkochende Kartoffeln machen das Gulasch zum Stampf.

Die Wurst pellen, in Würfel schneiden und in einer Pfanne bei starker Hitze goldbraun braten. Die Wurst in ein Sieb abgießen, unter das Kartoffelgulasch rühren und 5 bis 10 Minuten mitköcheln lassen.

Die Paprikaschote längs halbieren, entkernen, waschen und in kleine Würfel schneiden. Die Essiggurken ebenfalls in kleine Würfel schneiden. Paprika und Essiggurken etwa 5 Minuten mitköcheln lassen. Das Gulasch auf Teller verteilen und jeweils mit einem Klecks saurer Sahne toppen.

Zubereitungszeit ca. 25 Min. Garzeit ca. 70 Min.

★ Einfach perfekt ★

Das Kartoffelgulasch soll richtig schön cremig sein. Ist das nicht der Fall, einfach ein paar Kartoffelstücke herausfischen, mit dem Stabmixer pürieren oder mit einer Gabel fein zerdrücken und noch mal kurz mitköcheln lassen.

★ Gut würzig ★

Nicht wundern, dass in die Füllung kein Salz kommt. Die Sojasauce ist bereits sehr salzig.

Wan Tan

mit Garnelen, Hack und Ingwer

Ich glaube, es war Tim Mälzer, der einmal gesagt hat: „Es gibt Gerichte, die kannst du noch so ambitioniert kochen wollen, aber wenn du auf dem falschen Teil der Erdkugel geboren bist, musst du dich verdammt ins Zeug legen, es annähernd so gut hinzubekommen, wie die Köche vor Ort." Recht hat er. Wan Tan gehören auch dazu. Ganz bestimmt. Dieses Rezept ist trotzdem den Versuch wert.

Für 4 Personen

Für die Wan Tan:
90 g Garnelen (geschält)
1 Stück Ingwer (2–3 cm)
1 Bund Schnittlauch
90 g Schweinehackfleisch
4 EL Sojasauce
2 TL Sesamöl
200 g Wan-Tan-Teigblätter (Asienladen)
2 EL Honig
2 EL Reisessig

Für die Chilimarinade:
4 EL crispy Chiliöl (Asienladen)
2 EL Sojasauce

Außerdem:
1 Frühlingszwiebel
2 TL geröstetes Sesamöl

Zubereitung

Für die Wan Tan die Garnelen waschen, trocken tupfen und grob hacken. Den Ingwer schälen und in feine Scheiben schneiden. Den Schnittlauch waschen, trocken schütteln und in feine Röllchen schneiden. Garnelen, Ingwer, Schnittlauch, Hackfleisch, Sojasauce und 1 TL Sesamöl in einer Schüssel vermischen.

Die Wan-Tan-Blätter auslegen und jeweils 1 TL Hack-Garnelen-Füllung daraufsetzen. Die Teigränder mit etwas Wasser anfeuchten. Den Teig so über der Füllung zusammendrücken, dass keine Luft eingeschlossen wird.

In einem großen Topf zweifingerbreit Wasser zum Kochen bringen. Ein Dämpfkörbchen (aus Edelstahl oder Bambus) mit dem restlichen Sesamöl einstreichen und die Wan Tan hineinsetzen. Das Körbchen in den Topf stellen und die Wan Tan darin zugedeckt 6 bis 8 Minuten dämpfen.

Knackpunkt: das Dämpfkörbchen unbedingt gründlich einfetten, damit die Wan Tan nicht kleben bleiben und beim Herausheben aufreißen.

Für die Chilimarinade alle Zutaten verrühren. Die Frühlingszwiebel putzen, waschen und in feine Ringe schneiden. Die Wan Tan in tiefe Teller verteilen und mit der Chilimarinade übergießen. Die Frühlingszwiebelringe darauf verteilen und das Sesamöl darüberträufeln. Nach Belieben mit Chilistreifen garnieren.

Zubereitungszeit ca. 30 Min.

Ganzer Wolfbarsch
in Thai-Curry-Sud

Fisch im Ganzen zuzubereiten, hat etwas Magisches. Besonders magisch wird's, wenn europäischer Fisch auf exotische Aromen trifft. Sozusagen Magie hoch zwei!

Für 4 Personen

3 Stängel Zitronengras
3 Kaffir-Limettenblätter
1 Stück Ingwer (ca. 3 cm)
3 Knoblauchzehen
3 Schalotten
3 rote Chilischoten
4 Bio-Limetten
2 Stück Sternanis
½ Zimtstange
3 Kardamomkapseln
3 EL Fischsauce
2 EL Rohrohrzucker
1½ Bund Koriandergrün
350 ml Kokosmilch
Salz
Pfeffer aus der Mühle
2 Wolfsbarsche (à ca. 1 kg; küchenfertig)
100 ml Gemüsebrühe

Zubereitung

Den Backofen auf 200 °C vorheizen. Für die Thai-Gewürzpaste vom Zitronengras die welken Außenblätter und die obere trockene Hälfte entfernen, die untere Hälfte in grobe Stücke schneiden. Die Limettenblätter waschen und trocken tupfen. Ingwer, Knoblauch und Schalotten schälen und in feine Würfel schneiden. Die Chilischoten längs halbieren, entkernen, waschen und grob schneiden. Den Saft von 2 Limetten auspressen.

Sternanis, Zimtstange und Kardamomkapseln im Mörser zerstoßen. Die Gewürze mit Zitronengras, Limettenblättern, Ingwer, Knoblauch, Schalotten, Chilis, Limettensaft, Fischsauce und Zucker in einem hohen Rührbecher mit dem Stabmixer fein pürieren. 1 Bund Koriander waschen und trocken schütteln, grob schneiden und mit der Kokosmilch unter die Gewürzpaste mixen. Mit Salz und Pfeffer abschmecken.

Fische innen und außen waschen und trocken tupfen. Das Fleisch auf beiden Seiten ein paar Mal parallel einschneiden. Fische in einen Bräter legen, innen und außen mit etwa zwei Dritteln der Paste einreiben. 1 Limette heiß waschen, trocken reiben und in Scheiben schneiden. Die Limettenscheiben in die Bauchhöhlen der Fische geben. Restliche Gewürzpaste mit Brühe verrühren und in den Bräter gießen. Wolfsbarsche im Ofen auf der mittleren Schiene 20 bis 30 Minuten glasig garen.

 # Knackpunkt: Der Fisch ist glasig gegart, wenn man das Fleisch mit einem Löffel gegen leichten Widerstand von der Mittelgräte ziehen kann.

Die übrige Limette heiß waschen, trocken reiben und in Spalten schneiden. Den übrigen Koriander waschen und trocken schütteln, die Blätter abzupfen und fein schneiden. Den Koriander und die Limettenspalten auf den Fischen verteilen. Dazu passt Jasminreis.

Zubereitungszeit ca. 30 Min. Garzeit ca. 30 Min.

Sämig-cremig

Sollte die Flüssigkeit nicht ganz eingekocht sein, einfach ein paar Löffel Linsen herausnehmen, mit dem Stabmixer fein pürieren und das Mus unter die Linsen mischen.

Kross gebratener Zander
mit Balsamico-Linsen

Vielleicht hört sich die Zusammenstellung erst einmal komisch an, aber diese zwei – der knusprige Zander und die süß-säuerlichen Linsen – passen einfach perfekt zusammen.

Für 4 Personen

Für die Balsamico-Linsen:
400 g Beluga-Linsen
1 Möhre
1 gelbe Möhre
2 Zwiebeln
1 Knoblauchzehe
3 EL Olivenöl
2 Zweige Thymian
2 getr. Lorbeerblätter
2 EL scharfer Senf
ca. 5 EL Aceto balsamico
ca. 150 ml Gemüsebrühe
Salz
Pfeffer aus der Mühle
1 Msp. gemahlener Kümmel
1 Bund Petersilie

Außerdem:
4 Zanderfilets (à 200–250 g; mit Haut)
Salz • 3 EL Olivenöl
4 EL frisch geriebener Meerrettich

Zubereitung

Für die Balsamico-Linsen die Linsen in einem Topf in reichlich Wasser aufkochen und zugedeckt etwa 15 Minuten bissfest garen.

 # Knackpunkt: Die Linsen nicht zu weich garen, weil sie später noch mitgeköchelt werden. Andernfalls entsteht ein Linsenpüree.

Die beiden Möhren, Zwiebeln und Knoblauch schälen und in feine Würfel schneiden. Das Olivenöl in einer Pfanne erhitzen. Die Zwiebeln glasig anschwitzen, Knoblauch und Möhren etwa 5 Minuten mitdünsten.

Die Linsen in ein Sieb abgießen und abtropfen lassen. Den Thymian waschen, trocken tupfen und die Blättchen abzupfen. Linsen, Thymian, Lorbeerblätter und Senf zur Möhren-Zwiebel-Mischung geben. Mit dem Essig ablöschen, einköcheln lassen und 150 ml Brühe hinzufügen. Die Linsen ein paar Minuten köcheln lassen, bis sie gar sind und eine sämige Konsistenz haben. Falls nötig, noch etwas Brühe angießen.

Inzwischen die Fischfilets waschen, trocken tupfen und mit Salz würzen. Das Olivenöl in einer Pfanne erhitzen und die Filets darin auf der Hautseite bei mittlerer Hitze knusprig braten. Die Pfanne vom Herd nehmen, die Filets wenden und glasig durchziehen lassen.

Die Linsen mit Salz, Pfeffer und Kümmel würzen. Die Petersilie waschen und trocken schütteln, die Blätter abzupfen und fein schneiden. Die Petersilie unter die Linsen mischen. Die Zanderfilets mit den Linsen auf Tellern anrichten und mit Meerrettich bestreut servieren.

Zubereitungszeit ca. 35 Min.

Glasierter Kabeljau
auf Artischocken-Pasta-Ragout

Hier gilt: Damit das Gericht top wird, sollte man etwas Koch-Know-how haben, dann aber kann man damit geschmacklich ein wenig angeben. Wer nicht weiß, wohin mit seinem Lottogewinn: Es funktioniert auch gut mit Steinbutt statt Kabeljau.

Für 4 Personen

Für das Ragout:
4 Artischocken
Saft von 1 Zitrone
4 Knoblauchzehen
½ rote Chilischote
3 Fleischtomaten
5 EL Olivenöl
Salz
Pfeffer aus der Mühle
125 ml Weißwein
300 ml Hühner- oder Gemüsebrühe
ca. 200 g Pastateig (siehe S. 54)
Mehl zum Verarbeiten

Außerdem:
600 g Kabeljaufilet
Salz
3 EL Olivenöl
1 Bund Basilikum

Zubereitung

Für das Ragout von den Artischocken jeweils den Stiel abbrechen. Das obere Drittel der Artischocken mit einem Sägemesser abschneiden. Die Artischocken kopfüber auf ein Brett legen, die Blätter von außen nach innen abschneiden, bis der Boden freigelegt ist. Das „Heu" mit einem Löffel entfernen. Die Böden achteln und mit Zitronensaft beträufeln.

Knackpunkt: Das „Heu" gründlich entfernen, es ist bitter.

Knoblauch schälen und andrücken. Chilischote waschen und längs einschneiden. Tomaten waschen und in grobe Stücke schneiden, dabei die Stielansätze entfernen. In einer Pfanne 3 EL Olivenöl erhitzen, Knoblauch und Chili darin glasig schwitzen. Artischocken etwa 4 Minuten mitdünsten. Tomaten hinzufügen und köcheln lassen, bis sie zerfallen. Mit Salz und Pfeffer würzen. Den Wein angießen und einköcheln lassen. Die Brühe dazugeben und die Artischocken 8 bis 10 Minuten bissfest köcheln lassen. Artischocken aus dem Fond nehmen, Fond durch ein Sieb in einen Topf gießen und erhitzen. Artischocken und übriges Olivenöl dazugeben.

Das Fischfilet waschen, trocken tupfen, in 4 Stücke schneiden und mit Salz würzen. In einer Pfanne das Olivenöl erhitzen und die Filets darin bei mittlerer Hitze glasig braten, zwischendurch einmal wenden.

Den Pastateig auf der mit Mehl bestäubten Arbeitsfläche oder mit der Nudelmaschine dünn ausrollen und in beliebige Stücke schneiden. Die Nudeln in der Artischockensauce etwa 3 Minuten bissfest köcheln. Artischocken-Pasta-Ragout und Fischfilets auf Tellern anrichten. Das Basilikum waschen und trocken schütteln, die Blätter darüberzupfen.

Zubereitungszeit ca. 50 Min.

Edelfisch

Für besondere Anlässe bereite ich das Gericht mit Steinbuttfilets zu.

Flüssig genießen

Ein gutes Glas Wein passt natürlich in fast allen Lebenslagen. Aber es gibt Zeiten oder Anlässe, da will man auf Alkohol verzichten oder einfach mal etwas anderes genießen. Da kommen farbenprächtige Mixgetränke aus frischen Früchten oder Gemüse gerade recht.

Sirup

Aromatischen Sirup genieße ich am liebsten als Erfrischungsgetränk: 1 Teil Sirup mit 5 Teilen Mineralwasser gemischt.

Hollersirup

In einem großen Topf aus 1 Teil Zucker und 1 Teil Wasser einen Läuterzucker kochen. Vom Herd nehmen, Holunderblütendolden und ein paar Bio-Zitronenstücke darin einlegen. Den Sirup über Nacht ziehen lassen, dann abseihen und in Flaschen füllen.

Melissensirup

Die Zubereitung geht genauso wie Hollersirup, nur lege ich statt Hollerdolden Melissenstiele in den Läuterzucker ein.

Smoothies

Smoothies sind ein gesunder Snack, wenn's mit dem Essen mal wieder eng wird. Mixt einfach zusammen, worauf ihr Lust habt.

Rüben-Peter

Apfel, Möhre, Rote Bete, Ingwer und Limette. Mit Eiswürfeln wird dieser Smoothie am Abend zum Cocktail, der das Immunsystem auf Vordermann bringt.

Popeye

Apfelsaft, Avocado, Spinat, viel Zitronensaft. Ein Smoothie, der auch satt macht – ideal, wenn man mittags keine Zeit zum Essen hat.

Fruchtsalat

Orange, Pfirsich, Erdbeeren und Basilikum. Das Rezept entstand bei einer Früchteverwertungsorgie. Dann war da noch etwas Basilikum da ...

Bloody Melon

Wassermelone, Tomatensaft, Himbeeren, Aceto balsamico, Tabasco. Ein Smoothie, ein leichter, erfrischender Aperitif oder ein alkoholfreier Essensbegleiter.

Heiß geliebt 1 – Eistee: das perfekte Erfrischungsgetränk! Ich mache ihn immer selbst auf der Basis von grünem oder schwarzem Tee. Nach Lust und Laune gebe ich beim Aufgießen Ingwer- oder Bio-Zitronenscheiben, Minze- oder Basilikumstiele dazu. Den abgekühlten Tee genieße ich auf Eiswürfeln.

Heiß geliebt 2 – Espresso on Ice: für mich der pure Energiekick! Ein eisgekühltes Whiskeyglas mit Eiswürfeln füllen, einen doppelten Espresso drauf, fertig! Für einen Verwöhn-Espresso gebe ich noch eine fette Kugel Vanilleeis dazu (auch bekannt als „Affogato al cafè") – mmmh ...!

Cocktail Hours

Alkoholfreie Drinks

Cocktails sind nicht nur hübsche farbenprächtige Getränke für Partys. Sie sind auch lässige Erfrischungen, wenn sie ohne Alkohol daherkommen. Ich genieße sie am liebsten am Abend, nach dem Sport, beim Treffen mit Freunden ...

FROZEN COLADA

Ananasfruchtfleisch klein schneiden und mit Kokosmilch bedeckt einfrieren. Dann in Stücke brechen, mit Kokoswasser und Zitronensaft im Mixer pürieren. In ein Glas füllen, als Sorbet genießen oder mit Mineralwasser (oder zur Abwechslung doch mal mit Sekt) auffüllen.

MARACUJA MOJITO

Die Kerne einer Passionsfrucht auslöffeln und in ein Glas geben. Halbierte Bio-Limetten, Minzeblätter und braunen Zucker hinzufügen und alles zerdrücken. Das Glas mit Eis auffüllen und alles mit Ginger Ale aufgießen.

KIWI SOUR

Eine Kiwi schälen, in Stücke schneiden und mit Zitronensaft und Blue Curaçao mixen (wird richtig schön grellgrün). Das Püree mit crushed Ice in ein Glas geben und mit Zitronenlimo aufgießen.

BASILE WATERMELON COOLER

Wassermelonenfruchtfleisch in Stücke schneiden und mit Basilikumblättern einfrieren. Dann im Mixer pürieren, in ein Glas geben und mit Apfelschorle auffüllen. Statt Wassermelone kann man auch Beeren oder Orangenfilets einfrieren.

BEEREN-PFEFFER

Gemischte Beeren mit etwas Bio-Orangenschale, Zitronensaft und Honig in ein Glas geben und mit Mineralwasser aufgießen.

#

Gin-Welten

Wenn es Alkohol sein darf, liebe ich Getränke mit Gin. Ich finde es wirklich faszinierend, welch große Auswahl an qualitativ hochwertigen Gins es inzwischen gibt. Und dann hat man noch die Qual der Wahl, was zusätzlich mit ins Glas darf oder soll.

Ich bin diesbezüglich ein Fan von Klassikern: Mein Liebling ist Gin Tonic auf Eis mit einer Gurkenscheibe und ein wenig schwarzem Pfeffer.

Auch spannend: Gin in eine hübsche Flasche füllen und Wacholderbeeren, Zitronengras oder Thymian dazugeben. Das gibt wunderbare Gin-Kreationen.

★ *Gin & Tea* ★

Mein Lieblingsdrink im Sommer: dafür Marillentee (parfümierten Schwarztee) aufgießen und über Nacht ziehen lassen. Den Tee am nächsten Tag mit einem Schuss Gin aufgießen, in eine Flasche füllen und kühl stellen. Am besten auf Eis genießen.

Gebratene Entenbrust
mit Butternutcreme und Weichseln

Die französische Küche hat meinen Kochstil mitgeprägt, deshalb darf ein Entenrezept in meinem ersten Kochbuch nicht fehlen! Eine perfekt zubereitete Entenbrust ist was Herrliches. Eine durchgegarte, zähe dagegen ein Graus. Übung macht auch hier den Meister.

Für 4 Personen

Für die Weichseln:
2 EL Zucker
300 ml Portwein
abgeriebene Schale von
1 Bio-Zitrone
1 Sternanis
1 EL Speisestärke
100 g tiefgekühlte Weichseln
(Sauerkirschen)

Für die Kürbiscreme:
ca. 400 g Butternutkürbis
90 g Butter
2 Msp. Chilipulver
4 Zweige Thymian
Salz
frisch geriebene Muskatnuss
Saft von ½ Zitrone

Für die Entenbrust:
4 Entenbrüste (à ca. 200 g)
Salz
2 EL Olivenöl
1 EL Honig

Zubereitung

Für die Weichseln den Zucker in einem Topf bei mittlerer Hitze goldbraun karamellisieren. Mit dem Portwein ablöschen. Zitronenschale und Sternanis zum Portwein geben und die Flüssigkeit auf die Hälfte einkochen lassen. Die Speisestärke mit wenig kaltem Wasser glatt rühren, zum Portwein geben und unter Rühren kurz köcheln lassen. Die Weichseln dazugeben und den Topf vom Herd nehmen.

Für die Kürbiscreme den Kürbis schälen und in Stücke schneiden. In einem Topf 1 EL Butter erhitzen, den Kürbis mit dem Chilipulver darin anschwitzen. Den Thymian waschen, trocken schütteln und mit 120 ml Wasser dazugeben. Den Kürbis etwa 15 Minuten weich köcheln lassen.

Für die Entenbrust den Backofen auf 190 °C vorheizen. Die Entenbrüste waschen und trocken tupfen, die Haut mit einem scharfen Messer rautenförmig einritzen. Das Fleisch rundherum mit Salz würzen. Das Olivenöl in einer ofenfesten Pfanne erhitzen und die Entenbrüste auf der Hautseite bei mittlerer Hitze 4 bis 5 Minuten braun braten. Das Fleisch wenden, in der Pfanne im Ofen auf der mittleren Schiene etwa 7 Minuten rosa braten. Auf einem vorgewärmten Teller mit dem Honig bestreichen und kurz ruhen lassen.

 # Knackpunkt: Nach dem Ruhen soll das Fleisch auf Druck nachgeben, aber noch Widerstand leisten.

Den Thymian entfernen und den Kürbis mit dem Stabmixer fein pürieren, dabei die restliche Butter stückchenweise untermixen. Die Creme mit Salz, Muskatnuss und Zitronensaft würzen. Die Entenbrüste in Scheiben schneiden, mit der Kürbiscreme und den Weichseln auf Tellern anrichten.

Zubereitungszeit ca. 50 Min.

Gegrilltes Rib-Eye
mit Couscous und Minzjoghurt

Als Koch darf man so viele unfassbar tolle Dinge essen. Man i(s)st verwöhnt. Deswegen hier das Gegenteil: wenige Zutaten, recht simpel zubereitet. Aber die wenigen Handgriffe erfordern Aufmerksamkeit und dann wird's einfach nur geil.

Für 4 Personen

Für den Couscous:
¼ l Gemüse- oder Hühnerbrühe
1 EL Rosinen • 250 g Couscous
½ TL Ras el-Hanout
Salz • Pfeffer aus der Mühle
1 rote Paprikaschote
1 rote Chilischote
1 Frühlingszwiebel
5 getrocknete Tomaten
100 g Schafskäse (Feta)
½ Bund Petersilie
1 Bio-Zitrone • 3 EL Olivenöl

Für die Steaks:
4 Rib-Eye-Steaks (à 250 g)
Salz • 1 Knolle Knoblauch
4 Zweige Rosmarin
2 EL Olivenöl
80 g Butter
Pfeffer aus der Mühle

Für den Joghurt:
250 g griechischer Joghurt
1 Bund Minze (fein geschnitten)
Saft von 1 Zitrone
1 EL Honig • 2–3 EL Olivenöl

Zubereitung

Für den Couscous die Brühe mit den Rosinen in einem Topf zum Kochen bringen, etwa 1 Minute köcheln lassen und den Couscous unter Rühren dazugeben. Mit Ras el-Hanout, Salz und Pfeffer würzen, vom Herd nehmen und den Couscous zugedeckt mindestens 5 Minuten quellen lassen.

Für die Steaks den Backofen auf 90 °C vorheizen. Das Fleisch großzügig mit Salz einreiben. Knoblauchknolle quer halbieren. Rosmarin waschen und trocken schütteln. Eine Grillpfanne mit dem Olivenöl einpinseln und stark erhitzen. Fleisch darin auf beiden Seiten 1 bis 2 Minuten grillen, bis es kräftig dunkle Grillstreifen bekommt. In einer zweiten Pfanne die Butter erhitzen. Knoblauch mit den Schnittflächen nach unten hineinsetzen, Rosmarinzweige und Steaks darin wenden. Die Steaks im Ofen auf der mittleren Schiene 8 bis 10 Minuten rosa garen.

Knackpunkt: Wenn man die Fleischfasern etwas auseinanderzieht, sieht man, ob das Steak schon rosa gegart ist.

Die Paprika- und Chilischote längs halbieren, entkernen, waschen und in kleine Würfel schneiden. Die Frühlingszwiebel putzen, waschen und in Ringe schneiden. Die Tomaten und den Schafskäse in kleine Stücke schneiden. Die Petersilie waschen und trocken schütteln, die Blätter abzupfen und fein schneiden. Die Zitrone heiß waschen und trocken reiben, die Schale fein abreiben und den Saft auspressen. Den lauwarmen Couscous mit dem Olivenöl und den vorbereiteten Zutaten mischen.

Den Joghurt mit Minze, Zitronensaft, Honig und Olivenöl verrühren. Die Steaks auf Teller legen, mit Pfeffer würzen und mit der Gewürzbutter beträufeln. Den Couscous und den Joghurt dazu servieren.

Zubereitungszeit ca. 40 Min.

Schweinerei
mit zweierlei Roten Beten

Als Jungkoch war „Kerners Köche" für mich ein Must-see. Dass ich Jahre später bei der Neuauflage selbst dabei sein durfte: unglaublich! Dieses Gericht habe ich einmal dort gekocht. Als der große Johann Lafer es begeistert probiert hat und Alfons Schuhbeck und Cornelia Poletto anerkennend nickten, dachte ich, ich träume. Ein unvergesslicher Moment!

Für 4 Personen

Für die Schweinebacken:
8 Schweinebacken
Salz • Pfeffer aus der Mühle
500 g Gänseschmalz
1 Zweig Rosmarin
1 Knoblauchzehe
3 EL Butter

Für die Roten Beten:
ca. 200 g Rote Beten (ca. 200 g)
4 EL Aceto balsamico
ca. 400 g gegarte Rote Beten (vakuumiert)
50 g Butter
Salz • Pfeffer aus der Mühle
1 Frühlingszwiebel

Für den Rettichfond:
¼ l Hühnerbrühe
180 g Sahne
250 g eingelegter Rettich (aus dem Glas)
1 Spritzer Essig
20 g kalte Butter
½ Bund Schnittlauch

Zubereitung

Für die Schweinebacken den Backofen auf 80 °C vorheizen. Die Schweinebacken kräftig mit Salz und Pfeffer würzen. Das Gänseschmalz in einem Topf zerlassen und die Schweinebacken hineingeben. Den Topf in den Ofen auf die mittlere Schiene stellen und die Schweinebacken 1 bis 1 ½ Stunden garen („konfieren" nennen wir das in der Profiküche), bis die Backen sich mit einem Löffel auseinanderdrücken lassen.

Knackpunkt: Je länger man das Fleisch konfiert, desto weicher wird es.

Für die Roten Beten die rohen Roten Beten schälen, in dünne Scheiben schneiden und mit 2 EL Essig marinieren. Die gegarten Roten Beten in 1 cm große Würfel schneiden. Die Butter in einer Pfanne erhitzen und die Rote-Bete-Würfel darin schwenken. Den restlichen Essig dazugeben, mit Salz und Pfeffer würzen. Die Frühlingszwiebel putzen und waschen, in feine Ringe schneiden und mit den gekochten Roten Beten mischen.

Für den Rettichfond die Brühe mit der Sahne in einem Topf etwas einkochen lassen. Den abgetropften Rettich dazugeben, alles mit dem Stabmixer pürieren. Die Mischung durch ein Sieb in einen Topf gießen und mit dem Essig erhitzen. Die Butter in Stückchen unterschlagen. Den Schnittlauch waschen, trocken schütteln, in Röllchen schneiden und dazugeben.

Für die Schweinebacken Rosmarin waschen und trocken schütteln. Knoblauch schälen und andrücken. Butter in einer Pfanne erhitzen, Knoblauch, Rosmarin und Schweinebacken darin wenden. Gekochte Roten Beten auf Teller verteilen, die aufgeschnittenen Schweinebacken daraufsetzen. Rohe Rote Beten darüber verteilen und den Rettichfond danebenträufeln.

Zubereitungszeit ca. 45 Min. Garzeit ca. 90 Min.

Geniale Resteverwertung

Falls wider Erwarten etwas übrig bleibt: Die Schweinebacken zerzupfen, mit flüssigem Fett und einem Rosmarinzweig in ein Schraubglas geben – fertig ist ein Brotaufstrich, der im Kühlschrank lange haltbar ist.

BBQ-Spareribs
mit Ingwer

Köche wollen sich immer wieder selbst verwirklichen. Ich auch. Heraus kommen oftmals komplizierte Gerichte mit kaum zu findenden Zutaten. Das muss auch sein, denn es gibt viele Leute, die sich auch zu Hause austesten wollen. Aber manchmal weiß man doch: Abends läuft ein Fußballspiel im Fernsehen, das will man unbedingt mit ein paar Freunden gemeinsam sehen. Und da will man was Unkompliziertes auf den Tisch bringen, das einfach nur richtig gut schmeckt. Diese Rippchen sind dafür perfekt geeignet!

Für 4 Personen

1 Schalotte
2 Knoblauchzehen
50 g Ingwer
1 rote Chilischote
100 ml Sojasauce
100 g Tomatenketchup
50 ml Worcestershiresauce
50 g Zuckermelasse
1 Rack Spareribs vom Schwein (am Stück; 1½–2 kg)
150 g brauner Zucker

Zubereitung

Schalotte, Knoblauch und Ingwer schälen und in feine Würfel schneiden. Die Chilischote längs halbieren, entkernen, waschen und ebenfalls in feine Würfel schneiden. Alles mit Sojasauce, Ketchup, Worcestershire-sauce und Zuckermelasse in einen Bräter geben und mit etwa 2 ½ l Wasser mischen. Die Rippchen in 2 bis 3 Stücke schneiden und in den Bräter legen. Sie sollen leicht mit der Würzflüssigkeit bedeckt sein. Die Rippchen erhitzen und zugedeckt etwa 1 Stunde weich köcheln. Je länger man die Rippchen schmort, desto weicher werden sie. Man kann sie nicht übergaren – je weicher, desto besser.

Die Rippchen aus der Sauce heben und auf einer Platte abkühlen lassen. Die Sauce mit dem Zucker mischen und auf etwa die Hälfte einkochen lassen, bis sie eine leicht glasige Konsistenz hat. („Glace" nennen wir das in der Profiküche.) Die Sauce mit dem Stabmixer fein pürieren und weiter einkochen lassen, bis sie sämig ist.

Knackpunkt: Die Sauce muss richtig sämig sein, nur so haftet sie an den Rippchen. Sie soll das Fleisch komplett ummanteln, damit es beim Braten ein würziges Karamellaroma bekommt.

Die Rippchen in Stücke schneiden und mit der Glace bestreichen. Die Rippchen in einer Grillpfanne oder auf dem Grill bei starker Hitze auf beiden Seiten dunkelbraun braten, dabei zwischendurch immer wieder mit der Glace bestreichen.

Zubereitungszeit ca. 25 Min. Garzeit ca. 80 Min.

Linguine mit Lammragout

Mir hat mal eine italienische Mamma gesagt: Eine Ragoutsauce für Nudeln ist nur dann richtig gut, wenn sich das Fett in der Sauce abgesetzt hat. Und deswegen muss es auch so lange schmoren, damit sich die letzten Fettfasern im Fleisch verflüssigen und eben mit diesem Fettgehalt helfen, dass ordentlich Schmorgeschmack in die Sauce kommt. Übrigens ein klasse Gericht für Lamm-Skeptiker.

Für 4 Personen

Für das Ragout:
1 Zwiebel • 2 Knoblauchzehen
1 Möhre
1 Stück Knollensellerie (ca. 20 g)
4 EL Olivenöl
350 g Lammhackfleisch
1 EL 'Nduja (ital. Rohwurst; ersatzweise Tomatenmark)
1 Zweig Thymian
1 Zweig Rosmarin
2 getr. Lorbeerblätter
80 ml Rotwein
1 kleine Dose geschälte Tomaten (ca. 400 g)
Salz • Pfeffer aus der Mühle

Für die Linguine:
800 g Pastateig (siehe S. 54)
Mehl zum Verarbeiten
Salz

Zubereitung

Für das Ragout Zwiebel, Knoblauch, Möhre und Sellerie schälen und alles in feine Würfel schneiden. Das Olivenöl in einer Pfanne erhitzen und das Hackfleisch darin goldbraun braten. Zwiebel, Knoblauch, Möhre und Sellerie mit der Wurst dazugeben und mindestens 2 Minuten mitbraten.

Die Kräuter waschen, trocken tupfen und die Zweige mit den Lorbeerblättern hinzufügen. Mit dem Wein ablöschen und die Flüssigkeit etwas einkochen lassen. Die Tomaten hinzufügen, mit Salz und Pfeffer würzen und das Ragout 1½ bis 2 Stunden köcheln lassen.

Knackpunkt: Je länger das Ragout köchelt, desto besser wird es. Wer also Zeit hat, lässt es einfach köcheln und köcheln und köcheln ...

Für die Linguine den Pastateig in 3 Portionen teilen und jeweils 2 bis 3 mm dicke Bahnen ausrollen, am einfachsten geht das mit der Nudelmaschine. Den Teig mit dem Nudelmaschinenaufsatz zu Linguine schneiden. Wer keine Nudelmaschine hat, rollt die Teigbahnen jeweils von der schmalen Seite her auf und schneidet sie mit einem Messer zu schmalen Linguine. In einem großen Topf reichlich Salzwasser zum Kochen bringen und die Linguine darin 2 bis 3 Minuten bissfest kochen.

Etwas Nudelkochwasser in das Lammragout rühren. Die Linguine in ein Sieb abgießen, abtropfen lassen und auf tiefe Teller verteilen. Das Lammragout auf der Pasta anrichten.

Zubereitungszeit ca. 2 Std.

Snack Attack

Übrig gebliebenes Lammragout ist ein perfekter Snack auf getoastetem Ciabatta. Einfach noch etwas Parmesan daraufreiben – göttlich!

Simply delicious

Mein Naschmarkt

Ich liebe es einfach, Süßspeisen zuzubereiten – und das hat auch einen ganz einfachen Grund: weil ich sie selbst so gern esse. Hier finden sich viele Erbstücke aus meiner Familie. Nachtische mit langer Tradition, ohne großen Fantasiefirlefanz. Süßspeisen, die einfach glücklich machen.

Wenn zum Beispiel der Ribiselkuchen (Johannisbeerkuchen) von Oma frisch aus dem Ofen kommt, schließe ich traditionell für einen Moment die Augen und der herrliche Geruch lässt mich augenblicklich als kleiner Bub in Großmamas Küche stehen. Sowohl Oma als auch meine Mama haben mir so dermaßen gute Rezepturen mit auf den Weg gegeben, dass ich sie im Grunde nicht anfassen musste. Man könnte sagen, ich habe hier vielfach das Rad nicht neu erfinden müssen, es aber auf Hochglanz poliert!

Frozen Joghurt
mit Beeren und Basilikum

Ich koche ja ganz oft mit Kindern, für manche Kids bin ich DER KiKA-Koch. Kinder lieben Eis. Ich liebe Eis. Man kann es nur schwer zu Hause nachmachen, es sei denn, man hat eine Eismaschine. Für dieses Eis braucht man keine. Wenn die Kinder allem Grünen misstrauisch gegenüberstehen, kann man das Basilikum natürlich weglassen.

Für 4 Personen

Für die Beeren:
25 g Pinienkerne
200 g gemischte frische Beeren (Himbeeren, Heidelbeeren, Rote Johannisbeeren)
½ Bio-Zitrone
1 EL Puderzucker

Für den Frozen Joghurt:
5 Basilikumblätter
500 g griechischer Joghurt
ca. 4 EL Honig
400 g gemischte tiefgekühlte Beeren
Saft von 1 Zitrone

Scharfmacher

Pimp your Dessert: einfach zum Schluss ein wenig schwarzen Pfeffer darübermahlen.

Zubereitung

Für die Beeren die Pinienkerne in einer Pfanne ohne Fett goldbraun rösten. Die Beeren verlesen bzw. waschen, putzen und trocken tupfen. Die Zitrone heiß waschen und trocken reiben, die Schale fein abreiben und den Saft auspressen. Die Beeren mit Zitronensaft, -schale und Puderzucker mischen.

Knackpunkt: Pinienkerne bekommen durch das Rösten ein intensiveres Aroma. Aber Achtung, immer im Auge behalten, sie brennen schnell an!

Für den Frozen Joghurt die Basilikumblätter waschen und trocken tupfen. Den Joghurt mit 4 EL Honig in einem hohen Rührbecher mischen. Die gefrorenen Beeren, die Basilikumblätter und den Zitronensaft dazugeben und alles kurz mit dem Stabmixer pürieren. Mit Honig abschmecken.

Den Frozen Joghurt in Dessertschalen oder Gläser verteilen und die frischen Beeren darübergeben.

Zubereitungszeit ca. 15 Min.

★ Aromabombe ★

Die Mousse au Chocolat niemals kalt genießen, erst bei Zimmertemperatur entfaltet die Schokolade (ähnlich wie Käse) ihr volles Aroma.

Mousse au Chocolat
à la Mama

Ich bin eine Naschkatze, ich habe so unglaublich viel Mousse au Chocolat in meinem Leben gegessen. Besonders gern das von meiner Mama. In ganz vielen Rezepten findet sich eine Menge Sahne. In Mamas Mousse war nie welche. Wann immer ich heute eines probiere und die Sahne durchschmecke, denk ich mir: Das passt nicht.

Für 4 Personen

300 g Zartbitterschokolade (mindestens 70 % Kakaoanteil)
80 g Butter
3 Eier
Salz

Zubereitung

Die Schokolade grob hacken und in einer Metallschüssel über dem heißen Wasserbad schmelzen. Die Butter unterrühren, ebenfalls schmelzen und die Masse abkühlen lassen. Die Eier trennen und die Eigelbe in die Schokomasse rühren.

Knackpunkt: Die Schoko-Eigelb-Masse muss unbedingt Zimmertemperatur haben, wenn die Eigelbe untergerührt werden. Ist sie zu warm, gerinnt das Eigelb.

Die Eiweiße mit 1 kleinen Prise Salz mit den Quirlen des Handrührgeräts zu steifem Schnee schlagen und unter die abgekühlte Schoko-Eigelb-Masse heben. Die Schokomasse in eine Schale oder in Portionsförmchen füllen.

Die Mousse au Chocolat entweder sofort genießen oder im Kühlschrank aufbewahren, dann aber 20 Minuten vor dem Servieren herausnehmen.

Zubereitungszeit ca. 20 Min. Abkühlzeit mind. 10 Min.

Crème brulée

Jeder kennt sie, jeder liebt sie. Nur: Wie schafft man es, dass die Creme gerade so gestockt ist, dass sie nicht zu zäh ist? Meines Erachtens nach macht die Konsistenz nämlich eine gute Creme brulée ebenso aus wie eine knackharte Zuckerkruste. Wer es so macht, wie hier beschrieben, bekommt eine Gelinggarantie.

Für 4–6 Personen

1 Vanilleschote
¼ l Milch
250 g Sahne
125 g Zucker
ca. 4 Eigelb (80 g)
120 g feinster Zucker (siehe Tipp)

Zubereitung

Für die Crème brulée die Vanilleschote längs aufschneiden und das Mark mit einem spitzen Messer herauskratzen. Vanilleschote, -mark, Milch, Sahne und Zucker in einem Topf aufkochen lassen. Die Mischung vom Herd nehmen und abkühlen lassen. Den Backofen auf 100 °C Umluft vorheizen.

Die Vanilleschote entfernen und die Eigelbe mit dem Schneebesen in die Milchmischung rühren. Die Mischung in vier bis sechs ofenfeste Portionsförmchen füllen und diese in ein tiefes Backblech oder eine große Auflaufform stellen. So viel heißes Wasser (aus der Leitung) angießen, dass die Förmchen zu zwei Dritteln darin stehen. Die Förmchen mit einem großen Bogen Frischhaltefolie bedecken und die Crème brulée im Ofen auf der mittleren Schiene etwa 1 Stunde stocken lassen. Dann aus dem Wasserbad nehmen und abkühlen lassen.

Knackpunkt: Wann ist die Creme richtig gestockt? Ich rüttle leicht an der Form, die Creme sollte in der Mitte nicht mehr flüssig sein, aber doch noch „wackeln".

Kurz vor dem Servieren die Oberfläche der Crème brulée gleichmäßig mit dem Zucker bestreuen. Mit dem Flambierbrenner den Zucker goldbraun karamellisieren.

Fruchtiges Topping: Perfekte Begleiter sind marinierte Beeren. Dafür 200 g gemischte Beeren verlesen bzw. waschen und putzen, Erdbeeren halbieren oder vierteln. Die Blätter von 1 Stiel Minze fein schneiden. Die Beeren mit Minze, 4 EL Maraschino (Kirschlikör) und 1 EL Puderzucker marinieren. Die Crème brulée mit den marinierten Beeren toppen.

Zubereitungszeit ca. 10 Min. Garzeit ca. 1 Std.

Fein, feiner …

Mit feinstem Zucker wird die Karamellschicht wesentlich gleichmäßiger als mit dem gröberen Haushaltszucker. Aber keine Sorge: Es entsteht auch damit oder mit Rohzucker ein leckerer Karamell.

Sidekicks für Desserts

Aus einer Kugel Eis, einem simplen Pfannkuchen oder ein paar Würfeln Schokokuchen kann man mit einer Begleitung in Form von Vanillesauce oder Fruchtpüree beziehungsweise mit spannenden Toppings im Nu ein feines Dessert zaubern.

Vanillesauce

Für 4 Personen

+ 300 ml Milch
+ 200 g Sahne + 100 g Zucker
+ Mark von 1 Vanilleschote
+ 4–5 Eigelb
+ 4 cl Rum

Zubereitung

Milch, Sahne, Zucker und Vanillemark aufkochen lassen, Hitze reduzieren. Etwas Milch-Sahne-Mischung mit den Eigelben verrühren und die Mischung unter Rühren in den Topf geben. Sauce unter Rühren erhitzen (nicht kochen!), bis sie leicht cremig wird. Den Rum einrühren.

Bei Desserts ist Stroh Rum mein Favorit, weil er ein besonders intensives Aroma hat, das etwa eine Vanillesauce perfekt abrundet. Stroh Rum ist sehr hochprozentig, weshalb er meist nur zum Parfümieren von Süßspeisen verwendet wird.

Frucht-Cubes

Fruchtpürees sind mit dem Stabmixer ratzfatz gemixt. Ich verwerte dafür oftmals Reste – Mangostückchen, eine halbe Frühstücksbanane, ein paar Pfirsiche oder Aprikosen, die überreif sind. Die Fruchtstücke mit dem Stabmixer pürieren und die Mischung in Eiswürfelbehältern einfrieren. So kann man jederzeit einzelne Würfel entnehmen. Ich gebe gerne einen Frucht-Cube in ein Glas, Joghurt darauf, mit Nüssen toppen und auflöffeln – mmmh, lecker!

Frühjahrspüree

Probiert mal diesen rotgrünen Vitaminkick: Erdbeeren (das Grün dranlassen) und ein paar Blätter Basilikum waschen, mit dem Stabmixer fein pürieren und durch ein grobes Sieb streichen. Dieses Frühjahrspüree kann man einfrieren – fertig ist ein Sorbet. Oder ein paar Löffel davon in ein Glas geben, mit Schaumwein aufgießen und als fruchtigen Aperitif genießen.

Marillenmarmelade

Die Nummer eins zu Palatschinken (Pfannkuchen) ist Marillenmarmelade. Sie schmeckt aber auch großartig auf Butterbrot oder zu Schmarren. Ich mache meine natürlich selbst mit sonnengereiften Marillen (Aprikosen) aus der Wachau.
So geht's: reife Marillen waschen, halbieren und entsteinen (nicht häuten!). Die Früchte mit Vanillemark und Zucker nach Geschmack aufkochen und 1 Schuss Rum unterrühren. Mit dem Stabmixer grob mixen, abkühlen lassen und im Kühlschrank aufbewahren. Diese göttliche Marmelade ist recht flüssig und nicht ewig haltbar, da sie nicht viel Zucker enthält.

Kontrastprogramm

Salzkaramell

Ein süß-salziger Butterkaramell gibt Desserts einen feinen salzigen Kick. Dafür lasse ich Zucker mit Wasser aufkochen (Verhältnis 1:2), gebe eine Butterflocke und so viel Sahne dazu, dass ein goldgelber, sämiger Karamell entsteht. Zuletzt kommen ein paar ordentliche Prisen Salz dazu. Den flüssigen Karamell gleich verwenden oder in einem Schraubglas aufbewahren.

★ *Clever* ★

Fährt man länger weg, ist großes Räumen im Vorrat angesagt, Verderbliches soll noch rasch verwertet werden. Ich koche Früchte zu Kompott, Püree und Co. – und freue mich schon auf leckere Vorräte bei meiner Rückkehr.

Crunchy

Homemade Granola

Manchmal nervt es, wenn der Schrank voll ist mit halbleeren Packungen von Müslizutaten. Dann schütte ich Haferflocken, Nüsse, Cranberrys, Leinsamen & Co. auf ein mit Backpapier belegtes Blech und backe das Ganze im Ofen bei 180 °C knusprig. In einer Pfanne etwas Zuckersirup aufkochen, die Knuspermischung dazugeben und kurz blubbern lassen. Gleichmäßig auf Backpapier verteilen und aushärten lassen. Zerkrümeln und das Granola in ein Glas abfüllen. Granola passt zu allem, das einen Crunch braucht, wie Eis oder griechischer Joghurt.

#

Extratoppings

Auf Eis, Pudding und Cremes – Toppings sind Hingucker, die neue Aromenwelten eröffnen.

Gebrannte Nüsse

Dieser aromatische Crunch passt einfach immer: fein gerieben oder grob gehackt auf Eis, Schmarren, Millirahmstrudel ... Dafür Mandeln, Macadamia- und Pekannusskerne im Backofen bei 180 °C goldbraun rösten. Dann 1 Teil Zucker und 1 Teil Amaretto aufkochen, die Nüsse mitkochen, bis die Zuckerschicht an den Nüssen haftet. Auf Backpapier abkühlen lassen.

Geröstete Kokoschips

Dieses Topping ist so unwiderstehlich, dass ich damit oft gar nichts toppe, sondern es pur als Snack genieße! Frisches Kokosnussfleisch mit dem Sparschäler in Späne hobeln und auf einem Backblech im Ofen bei 180 °C goldbraun rösten. Köstlich: Die Chips hacken und mit cremigem Vanilleeis verrühren, eventuell noch einen Schuss Kokosmilch und einen Löffel Mangopüree dazu – ein super Dessert!

Brösel

Nicht nur für Knödel, auch auf Eis sind Butterbrösel (siehe S. 149) ein crunchy Topping. Oder probiert mal geriebenen Apfel mit Eis und Zimtbröseln.

Karamellisierter
Bananen-Himbeer-Crumble

Streusel auf dem Streuselkuchen habe ich schon immer geliebt. So kam es, dass Streuselkuchen bei uns oftmals in der Küche stand, aber recht schnell den Namen Streuselkuchen nicht mehr verdient hatte, weil ein kleiner Bub namens Alex diese schon weggenascht hatte. So stand nur noch Kuchen in der Küche.

Für 4 Personen

100 g Mehl • 190 g Zucker
100 g weiche Butter
1 Msp. Zimtpulver
Salz
2 reife, nicht zu weiche Bananen
3 EL Rum
150 g Sahne
250 g Himbeeren
½ Bio-Zitrone
Butter für die Formen

Stressfrei

Crumble lässt sich gut vorbereiten. Vor dem Servieren einfach im Backofen bei 180 °C ein paar Minuten knusprig backen.

Zubereitung

Das Mehl, 90 g Zucker, die Butter, Zimtpulver und 1 Prise Salz zu einer krümeligen Masse verkneten. Den Backofen auf 190 °C vorheizen.

Die Bananen schälen und in 3 bis 4 cm große Stücke schneiden. Den restlichen Zucker in einer Pfanne bei mittlerer Hitze goldbraun karamellisieren. Die Bananen darin 1 bis 2 Minuten wenden, bis sie goldbraun überzogen sind. Mit dem Rum ablöschen und diesen cremig einköcheln lassen. Die Sahne angießen und sämig einköcheln lassen – die Bananenstücke sollten noch ganz sein. Die Pfanne vom Herd nehmen und den Bananen-Karamell lauwarm abkühlen lassen.

Knackpunkt: Nicht zu reife Bananen verwenden, sie werden beim Karamellisieren matschig. Sie sollten aber auch nicht grün sein, dann sind sie nicht aromatisch. Also: reife Bananen mit Biss.

Die Himbeeren verlesen, ggf. waschen und trocken tupfen, unter den Bananen-Karamell mischen. Die Zitrone heiß waschen, trocken reiben und die Schale auf den Bananen-Himbeer-Karamell reiben. Den Zitronensaft auspressen und untermischen.

Vier ofenfeste Portionsförmchen mit Butter einfetten. Den Bananen-Himbeer-Karamell in die Förmchen füllen und die Crumble-Masse in groben Krümeln darüber verteilen. Die Crumbles im Ofen auf der mittleren Schiene 15 bis 20 Minuten goldbraun backen. Die Crumbles herausnehmen, kurz abkühlen lassen und noch warm servieren.

Zubereitungszeit ca. 20 Min. Backzeit ca. 20 Min.

Rahmschmarren à la Loicher-Omi

mit schnellem Erdbeerragout

Man erwartet ja immer Kaiserschmarren von einem Österreicher. Ich tue mich ganz schwer damit, ihn irgendwo im Restaurant zu bestellen, da so viel schiefgehen kann. Dieses Grundrezept von meiner Oma habe ich im Laufe der Jahre perfektioniert.

Für 4 Personen

Für das Erdbeerragout:
250 g Erdbeeren
3–4 EL Zucker
abgeriebene Schale von 1 Bio-Orange
4 cl Orangenlikör
30 g Butter

Für den Schmarren:
4 Eier
abgeriebene Schale von 1 Bio-Zitrone
300 g saure Sahne (oder Schmand)
110 g Sahne
2 TL Vanillezucker
60 g Mehl
130 g Zucker
3 EL Butter zum Backen
Puderzucker zum Bestäuben

Zubereitung

Für das Erdbeerragout die Erdbeeren waschen, putzen und je nach Größe vierteln oder halbieren. Mit dem Zucker und der Orangenschale mischen und etwa 15 Minuten marinieren. Eine beschichtete Pfanne erhitzen und die Erdbeeren darin etwa 2 Minuten durchschwenken ohne viel zu rühren. Mit dem Likör ablöschen und die Butter einrühren.

Für den Schmarren den Backofen auf 180 °C vorheizen. Eier trennen. Eigelbe mit Zitronenschale, saurer Sahne, Sahne, Vanillezucker und Mehl verrühren. Eiweiße zu steifem Schnee schlagen, dabei nach und nach 100 g Zucker hinzufügen. Den Eischnee unter die Eigelbmasse heben.

 # Knackpunkt: Für perfekten Schmarren braucht es luftigen Eischnee. Der gelingt mit kalten Eiweißen, die auf höchster Stufe geschlagen werden. Der Zucker wird nach und nach unter den steifen Schnee geschlagen. So lange rühren, bis sich die Kristalle aufgelöst haben.

In einer ofenfesten beschichteten Pfanne 1 EL Butter erhitzen und den Teig langsam hineingießen. Auf der Unterseite stocken und goldbraun werden lassen. Schmarren im Ofen auf der mittleren Schiene 12 bis 15 Minuten backen, bis er durchgegart, aber noch flaumig ist. Er soll nicht mehr flüssig, sondern leicht gestockt sein, also in der Mitte noch „wackeln". In einer zweiten Pfanne restliche Butter erhitzen und den übrigen Zucker darin goldbraun karamellisieren. Schmarren in der Pfanne vierteln, Viertel in den Karamell legen und mit zwei Gabeln in mundgerechte Stücke zupfen. Stücke kurz im Karamell wenden. Schmarren mit Puderzucker bestäuben und mit dem Erdbeerragout servieren.

Zubereitungszeit ca. 30 Min. Backzeit ca. 15 Min.

Perfektes Volumen

Den gebackenen Schmarren zerzupfe ich sehr vorsichtig und wende ihn auch nur zwei- oder dreimal im Karamell. Zuviel Hitze lässt den Schmarren zusammensacken.

★ Supercrunch ★

Für perfekte Knusperbrösel den Zucker nicht direkt in der Pfanne, sondern erst in einer Schüssel untermischen. So löst er sich nicht auf und sorgt für zusätzlichen Crunch.

Flaumige Quarkknödel
mit Vanillesauce und Kirschen

Ich habe versucht, hier Gerichte auszuwählen, die einen, wenn man sie liest, sofort denken lassen: Das hätt ich Lust nachzumachen. Ich halte es für wichtig, dass sich dieser Wunsch nicht durch komplizierte Zubereitung in Wohlgefallen auflöst. Ein Löffel von diesem Gericht im Mund und man sollte sich himmlisch fühlen.

Für 4 Personen

Für die Quarkknödel:
500 g Speisequark (20% Fett)
50 g altes Weißbrot (durchgetrocknet; ohne Rinde)
1 Bio-Zitrone
25 g weiche Butter
100 g Zucker
2 Eier • 20 g Mehl
1 Spritzer Rum
Puderzucker zum Bestäuben

Für die Kirschen:
300 g Kirschen
2 EL Zucker • 1 EL Butter

Für die Vanillesauce:
1 Vanilleschote
400 g Sahne • 80 g Zucker
1 Ei • 3 Eigelb

Für die Butterbrösel:
120 g Butter
300 g Semmelbrösel
100 g Zucker
1 Msp. Zimtpulver

Zubereitung

Für die Quarkknödel den Quark in einem Sieb abtropfen lassen. Die Kirschen waschen, entstielen und entsteinen. Den Zucker in einer Pfanne langsam goldbraun karamellisieren und die Kirschen darin schwenken. Vom Herd nehmen und die Butter untermischen.

Für die Vanillesauce die Vanilleschote längs aufschneiden und das Mark mit einem spitzen Messer herauskratzen. Sahne, Zucker, Vanilleschote und -mark in einem Topf aufkochen. Nach und nach Ei und Eigelbe unterrühren und zu einer sämigen Vanillesauce köcheln lassen. Sauce durch ein Sieb gießen und lauwarm oder vollständig abkühlen lassen.

Für die Knödel Weißbrot fein reiben oder im Blitzhacker zerbröseln. Zitrone heiß waschen, trocken reiben und die Schale fein abreiben. Butter cremig rühren. Nach und nach 50 g Zucker und Eier unterrühren. Mehl, Zitronenschale und Brot untermischen. Masse 15 Minuten kühl stellen.

Knackpunkt: Durch das Kühlen quillt die Masse etwas auf und lässt sich dadurch anschließend wunderbar zu Knödel formen.

Inzwischen für die Butterbrösel die Butter in einer Pfanne erhitzen und die Semmelbrösel darin bei mittlerer Hitze unter Rühren etwa 10 Minuten goldbraun rösten. Herausnehmen und mit Zucker und Zimt mischen.

Reichlich Wasser mit Rum und restlichem Zucker aufkochen. Aus der Quarkmasse mit angefeuchteten Händen 12 Knödel formen, darin aufkochen und ziehen lassen, bis sie nach oben steigen. Weitere 5 Minuten ziehen lassen. Herausheben, in den Bröseln wälzen und mit Vanillesauce und Kirschen anrichten. Mit Puderzucker bestäuben.

Zubereitungszeit ca. 50 Min.

Croissant-Scheiterhaufen

mit Apfel-Zimt-Ragout

Was den Deutschen der arme Ritter ist uns Österreichern der Scheiterhaufen. Ein günstiges Resteessen. Einfache Dinge zu pimpen, alten Gerichten ein neues Flair zu geben, das ist das, was ich mir immer wieder auf die Fahne schreibe.

Für 4 Personen

Für den Scheiterhaufen:
5 Croissants
Butter für die Form
½ l Milch
80 g Sahne
2 Eier
3 Eigelb
150 g Zucker
1 Päckchen Bourbon-Vanillezucker
1 Spritzer Rum
Salz
Puderzucker zum Bestäuben

Für das Apfel-Zimt-Ragout:
2 Äpfel (z.B. Boskop, Pink Lady)
50 g Butter
70 g Zucker
½ Zimtstange
1 Spritzer Calvados
1 Bio-Zitrone
100 ml Apfelsaft
1 EL Butter

Zubereitung

Für den Scheiterhaufen den Backofen auf 180 °C vorheizen. Die Croissants in gleichmäßige Stücke zerzupfen und in eine mit Butter gefettete Auflaufform (etwa 20 × 30 cm) geben. Milch, Sahne, Eier, Eigelbe, Zucker, Vanillezucker, Rum und 1 Prise Salz verrühren. Die Eiermilch über die Croissants gießen. Den Scheiterhaufen im Ofen auf der mittleren Schiene etwa 20 Minuten goldbraun backen.

Für das Apfel-Zimt-Ragout die Äpfel vierteln, schälen und die Kerngehäuse entfernen. Die Viertel in Stücke oder Spalten schneiden. Die Butter in einer Pfanne erhitzen, den Zucker und die Zimtstange unterrühren. Die Äpfel darin unter Rühren leicht karamellisieren. Mit dem Calvados ablöschen und einkochen lassen.

Die Zitrone heiß waschen und trocken reiben, die Schale fein abreiben und den Saft auspressen. Zitronenschale, -saft und Apfelsaft unter die Äpfel mischen. Zum Schluss die Butter unterrühren.

Den Scheiterhaufen mit Puderzucker bestäuben und mit dem Apfel-Zimt-Ragout auf den Tisch stellen.

 # Knackpunkt: Ich habe lange nach einem Knackpunkt gesucht, aber mir ist partout keiner eingefallen. Dieses Rezept ist wirklich supereinfach!

Süße Resteverwertung: Scheiterhaufen war früher ein Resteessen. Man muss also nicht extra frische Croissants kaufen. Alte Croissants, Brioches, Hefebrötchen oder auch Weißbrot eignen sich genauso gut. Übrigens: Ein Scheiterhaufen schmeckt auch am nächsten Tag noch großartig.

Zubereitungszeit ca. 25 Min. Backzeit ca. 20 Min.

Johannisbeerkuchen
mit Baiserhaube

Wann immer ich heute noch warme Johannisbeeren rieche, bekomme ich Gänsehaut, weil ich sofort an Oma Loicher denke, die diesen Kuchen immer gemacht hat, wenn die Enkel zu Besuch gekommen sind. Wer so oft einen solchen Kuchen serviert bekommen hat, muss eine schöne Kindheit gehabt haben.

Für ca. 20 Stücke

Für den Teig:
150 g weiche Butter
180 g Zucker
5 Eigelb
300 g Mehl
½ Päckchen Backpulver

Für den Belag:
500 g Rote Johannisbeeren
5 Eiweiß
300 g feinster Zucker

Teighilfe

Der Teig sollte eine glatte, streichfähige Konsistenz haben. Falls er doch mal etwas zu fest ist – weil vielleicht die Eier kleiner waren – einfach etwas Milch unterrühren.

Zubereitung

Für den Teig den Backofen auf 180 °C vorheizen. Die Butter mit dem Zucker mit den Quirlen des Handrührgeräts cremig rühren. Die Eigelbe nach und nach unterrühren. Das Mehl mit dem Backpulver mischen und zügig untermischen. Den Teig auf ein mit Backpapier belegtes Backblech streichen und im Ofen auf der mittleren Schiene etwa 15 Minuten backen, bis er leicht gestockt ist, aber noch keine Farbe hat.

Knackpunkt: Der Boden soll wirklich nur gestockt sein. Keinesfalls zu lange vorbacken, sonst wird der Kuchen später trocken.

Inzwischen für den Belag die Johannisbeeren waschen, abtropfen lassen und die Beeren mit einer Gabel von den Rispen streifen. Die Eiweiße mit den Quirlen des Handrührgeräts zu steifem Schnee schlagen, nach und nach den Zucker unterschlagen. Johannisbeeren unter den Eischnee heben.

Das Blech aus dem Ofen nehmen und die Johannisbeermasse darauf verteilen. Den Kuchen sofort wieder in den Ofen geben und 5 bis 10 Minuten weiterbacken, bis das Baiser leicht Farbe bekommt. Den Johannisbeerkuchen auf dem Blech abkühlen lassen.

Zubereitungszeit ca. 20 Min. Backzeit ca. 25 Min.

★ *Fein dazu …* ★

… schmeckt Vanillesahne. Dafür 200 g Sahne mit 2 EL Puderzucker und dem Mark von 1 Vanilleschote cremig aufschlagen.

Unsere Familien-Linzer-Torte

Meine allerersten Erfahrungen in der Küche kamen so zustande: Meine Mutter fragte mich am Vorabend meines achten Geburtstags: „Welchen Kuchen wünschst du dir als Geburtstagstorte?“ Und ich sagte: „Die leckere Linzer Torte!“ Mamas Antwort: „Da musst du mir aber schon helfen!“ Übrigens: Die älteste Torte Österreichs ist nicht die Sacher, sondern die Linzer Torte.

Für 12 Stücke

Für den Kuchen:
1 Ei
4 Eigelb
125 g Zucker
240 g weiche Butter
1 Bio-Zitrone
300 g Mehl
200 g gemahlene Mandeln
1 Msp. Nelkenpulver
½ TL Zimtpulver
3 EL Sahne
300 g Johannisbeerkonfitüre

Außerdem:
Butter für die Form
Mehl für die Arbeitsfläche
Puderzucker zum Bestäuben

Zubereitung

Für den Kuchen das Ei und die Eigelbe mit dem Zucker mit den Quirlen des Handrührgeräts cremig rühren. Die Butter ebenfalls cremig rühren. Die Zitrone heiß waschen, trocken reiben und die Schale fein abreiben. Das Mehl mit Mandeln, Zitronenschale, Nelken- und Zimtpulver mischen. Die Mehlmischung, die Eimischung und die Sahne zur Butter geben und alles zu einem glatten Mürbeteig verkneten. Den Teig in Frischhaltefolie gewickelt im Kühlschrank etwa 2 Stunden ruhen lassen.

Knackpunkt: Rührt man Butter und Eier getrennt cremig, wird der Teig viel lockerer, als wenn man die Eier gleich mit der Butter mischt.

Den Backofen auf 180 °C Umluft vorheizen. Eine Springform (26 oder 28 cm Durchmesser) mit Butter einfetten. Zwei Drittel des Teigs auf der mit Mehl bestäubten Arbeitsfläche rund ausrollen und die Form damit auslegen, dabei einen etwa 3 cm hohen Rand formen. Die Konfitüre glatt rühren und gleichmäßig auf den Teig streichen.

Den restlichen Teig etwa ½ cm dick ausrollen und in etwa 2 cm breite Streifen schneiden. Die Streifen gitterförmig auf die Konfitüre legen und am Rand festdrücken. Die Torte im Ofen auf der mittleren Schiene etwa 50 Minuten goldbraun backen. Herausnehmen und noch heiß aus der Form lösen. Abkühlen lassen und mit Puderzucker bestäuben.

Zubereitungszeit ca. 30 Min.   Ruhezeit ca. 2 Std.   Backzeit ca. 50 Min.

★ Schokomania ★

Wenn ich Schokojunkies zu Besuch habe, nehme ich die Tarte schon 5 Minuten früher aus dem Ofen. Dann ist die Schokolade im Inneren auch nach dem Abkühlen noch richtig schön cremig.

Schokotarte mit Haselnüssen *und Crème fraîche*

Ich habe mir so oft im Restaurant für Gäste die Seele aus dem Leib gekocht, feinste Kreationen auf den Tisch gebracht, mich über jedes Lob gefreut, doch nicht allzu selten war der Tenor: Es war sensationell, aber jetzt bitte noch Ihre legendäre Schokotarte. Und im Privaten ist es schon so weit, dass ich nichts mehr anderes verschenken darf als ebendiese. Und wenn Gäste kommen: „Bitte zum Nachtisch die Schokotarte!" Irgendwas muss dran sein ...

Für 12 Stücke

Für die Tarte:
250 g Zartbitterschokolade (70% Kakaoanteil)
250 g Butter
6 Eier
200 g Zucker

Außerdem:
Butter für die Form
100 g Haselnusskerne
250 g Crème fraîche
Puderzucker zum Bestäuben

Zubereitung

Den Backofen auf 170 °C Umluft vorheizen. Die Schokolade in grobe Stücke hacken und mit der Butter in einer Metallschüssel über dem heißen Wasserbad langsam schmelzen. Dann die Mischung auf Zimmertemperatur abkühlen lassen.

Eier trennen und Eiweiße mit den Quirlen des Handrührgeräts zu steifem Schnee schlagen, dabei nach und nach den Zucker dazugeben.

Eigelbe in die Schoko-Butter-Mischung rühren. Ein Drittel des Eischnees in die Schokomasse rühren. Restlichen Eischnee vorsichtig mit dem Schneebesen unterheben.

\# **Knackpunkt:** Das erste Drittel des Eischnees macht die Schokomasse flüssiger. Dann lässt sich der restliche Schnee leichter unterheben und bleibt luftig.

Eine Tarteform (26 cm Durchmesser) einfetten. Die Schoko-Eier-Masse einfüllen und glatt streichen. Im Ofen auf der mittleren Schiene 20 bis 25 Minuten backen, bis die Masse außen gestockt ist, innen aber noch wackelt, wenn man an der Form rüttelt. Herausnehmen und in der Form auskühlen lassen.

Die Haselnüsse grob hacken und auf einem Backblech verteilen. Im Ofen etwa 10 Minuten goldbraun rösten. Alternativ kann man sie auch in einer Pfanne rösten, man sollte sie aber dann stetig schwenken, damit sie rundherum bräunen.

Die Crème fraîche in einem Schälchen glatt rühren. Die Schokotarte in Stücke schneiden und mit Puderzucker bestäuben. Mit der Crème fraîche und den Haselnüssen servieren.

Zubereitungszeit ca. 20 Min. Backzeit ca. 35 Min.

Entspannt genießen
Menüs für jeden Anlass

Jeder kennt das: Man möchte einen gemütlichen Abend mit Gästen verbringen, doch dann hat man sich mal wieder zu viel vorgenommen und man steht die ganze Zeit in der Küche und hat eigentlich kaum Zeit für seine Gäste. Man ist komplett erledigt und hat Visionen von einem Couchabend. Das muss nicht sein!

Was ihr euch unbedingt klarmachen solltet: Die Gäste kommen wegen euch! Nicht wegen eures gemütlichen Wohnzimmers, eurer schier endlosen Weinvorräte oder legendären Kochkünste. Sie kommen, weil sie Zeit mit euch verbringen wollen. Wenn es dabei etwas Leckeres zum Essen und Trinken gibt, noch besser. Also: Kocht mit Liebe und Leidenschaft, aber stresst euch nicht. Geht vor den Augen der Gäste beim Zubereiten etwas in die Hose, ist das kein Beinbruch. Im Gegenteil, so ein Missgeschick kann das Eis brechen, denn Pannen passieren uns allen.

Plant ein Menü, bei dem sich möglichst viel vorbereiten lässt. Dann könnt ihr die Zeit mit euren Gästen in vollen Zügen genießen, statt in der Küche zu schuften. Außerdem sieht die Küche dann nicht wie ein Schlachtfeld aus, wenn die Gäste kommen. Und ihr könnt euch auf das Wesentliche konzentrieren, etwa auf das Braten von Fleisch oder Fisch.

Ich bereite die meisten Menübestandteile wie im Restaurant vor: Der Gratin muss nur noch in den Ofen geschoben werden. Die Polenta ist schon vorgegart, die braucht nur noch cremig gerührt zu werden. Sogar Risotto gare ich vor, da schert mich auch nicht das italienische Sprichwort, dass der Gast auf den Risotto warten muss und nicht umgekehrt. Ich koche den Reis sehr körnig und verteile ihn dann auf einem Blech. So kühlt er gleichmäßig aus und gart nicht nach. Wenn die Gäste am Tisch sitzen, ist der Risotto in ein paar Minuten fertig gegart.

Dinner mit guten Freunden

Freundschaften muss man pflegen. Dazu gehört auch ein netter Abend mit Quatschen oder Fußballgucken. Wichtig ist mir, dass es etwas Gutes, aber nichts Aufwendiges zu essen gibt. Das Problem ist nur: Viele Mäuler heißt viele Geschmäcker, die eine liebt Fleisch, der andere isst veggie, aber alle sollen glücklich nach Hause gehen. Deshalb stelle ich diverse Gerichte auf den Tisch. Das hat für mich immer so ein mediterranes Urlaubsflair. Jeder nimmt sich nach Gusto, alle reden durcheinander und das Essen aus gemeinsamen Töpfen verbindet ungemein. Für die diversen Gerichte stehe ich gerne ein bisschen länger in der Küche, aber es kommen immer wieder ein paar Freunde dazu, trinken zur Gesellschaft ein Glas oder helfen mit. Man weiß ja: Die besten Partys enden in der Küche! Nur Desserts bereite ich vorher komplett zu. Dann kann ich den Abend ganz gemütlich ausklingen lassen. Und wenn vom Kuchen was übrig bleibt, darf sich jeder noch ein

Stück mitnehmen. Und das koche ich gerne für einen entspannten Abend mit Freunden:

- **Burrata mit geschmolzenen Tomaten und Mango-Radicchio-Salat (S. 39)**
- **Crispy Shrimpssalat mit Sambalcreme (S. 18)**
- **Erdbeer-Wassermelonen-Gazpacho mit Basilikum und Röstbroten (S. 48)**
- **Glasierter Wolfsbarsch mit ’Nduja-Orzo-Pasta (S. 65)**
- **Polpetti mit Pecorino-Erbsen-Salat (S. 66)**
- **Aubergine alla Parmigiana (S. 108)**
- **Johannisbeerkuchen mit Baiserhaube (S. 152)**
- **Croissant-Scheiterhaufen mit Apfel-Zimt-Ragout (S. 150)**

Das erste Date zu Hause

Wichtig ist, dass man alles vorbereiten kann, denn man will ja gemeinsam Zeit verbringen. Aber hermachen sollte das Ganze schon auch was! Und das Menü soll Wohlfühlcharakter haben, der oder die „Neue“ sollte sich wie zu Hause fühlen. Deshalb wähle ich simple Gerichte, es soll kein Restaurantfeeling aufkommen. Und das Dessert lässt sich sogar ganz gemütlich auf dem Sofa bei einem guten Film genießen.

1. Roher Wildlachs mit Wasabi-Rahmgurken (S. 40)

Die Rahmgurken bereite ich schon tagsüber zu. Wichtig ist nur, dass man sie vor dem Servieren noch mal abschmeckt. Den Lachs lege ich auf einer Platte auf Frischhaltefolie aus. Dann muss ich ihn später nur noch auf Teller heben – und habe beim Date keine Fischfinger.

2. Ricotta-Ravioli mit flüssigem Kern und Salbei (S. 56)

Dieses eindrucksvolle Gericht kann man ebenfalls fast komplett vorbereiten. Die fertigen Ravioli lege ich auf einen mit Grieß bestreuten Teller und stelle sie mit Frischhaltefolie bedeckt kühl. Wenn es so weit ist, muss ich die Ravioli nur in Salzwasser aufkochen. Parallel dazu erhitze ich die Butter mit dem Salbei.

3. Schokotarte mit Haselnüssen und Crème fraîche (S. 157)

Den Schokokuchen kann man schon am Vortag backen. Dann allerdings nicht kühl stellen, sonst wird er fest. Ich empfehle jedoch, den Kuchen erst kurz vor dem Date in den Ofen zu geben. Dann duftet die ganze Wohnung himmlisch und der Besuch freut sich schon das ganze Menü über auf das Dessert.

Besuch von den Schwiegereltern

Man will natürlich beeindrucken. Deshalb reiche ich gleich beim Eintreffen eine Auswahl von Bruschette, die sowohl Schwiegermama als auch -papa schmecken: etwa Bruschetta mit Carpaccio vom Rinderfilet und Pfirsich (S. 14) und ein griechisches Bauernsalat-Sandwich mit Grapefruit (S. 21).

1. Thai-Beef-Salat mit Früchten und Erdnussschaum (S. 43)

Dieser Salat ist immer ein Highlight, weil er superaromatisch, aber nicht zu schwer ist. Alle sind happy und gespannt auf den Hauptgang.

2. Glasierter Kabeljau auf Artischocken-Pasta-Ragout (S. 120)

Das leichte Fischgericht besticht durch seinen herzhaften Ragoutpartner. Außerdem könnt ihr damit gleich Lorbeeren sammeln fürs Artischockenputzen. Das Ragout kann man übrigens vorbereiten.

3. Flaumige Quarkknödel mit Vanillesauce und Kirschen (S. 149)

Knödel, Sauce und Kirschen kann man komplett vorbereiten. Man wirft nach dem Hauptgang nur noch kurz die Knödel ins Wasser, richtet alles an und genießt den Rest des Abends gemeinsam am Tisch.

Warum ich koche, wie ich koche

Dass ich überhaupt Koch geworden bin, hat eine Geschichte. Meine Geschichte. Sozusagen die Lebensgeschichte von Alexander Kumptner. Geboren in Wien. 1983.

Ich besuchte die Volksschule. Kam aufs Gymnasium. Habe ich mich leicht getan in der Schule? Sagen wir mal so: Ich war ein fauler Hund. Habe immer alles auf den letzten Drücker gemacht. Ich war schlimm. Disziplinarisch grenzwertig. Als Konsequenz bekam ich natürlich ordentlich Gegenwind von den Lehrern, die nicht müde wurden, das auch meinen Eltern mitzuteilen: „Nehmen Sie Ihr Kind von der Schule, aus ihm wird nichts werden!" Ich muss schon sagen, da habe ich einen einschneidenden Knacks bekommen. Und ich bin mir ziemlich sicher, dass hierin begründet liegt, dass ich unersättlich darin bin, Erfolg haben zu wollen. Ich bin irgendwie nie zufrieden. Alles, was ich mache, möchte ich ständig verbessern. Das gilt für jedes einzelne Gericht, das ich jemals gekocht habe.

Das erste Mal besessen

Eigentlich sollte ich ja die Druckerei meiner Eltern irgendwann einmal übernehmen. Deswegen wechselte ich mit 15 Jahren auf die HTL (Höhere Technische Lehranstalt). Das Problem ist aber: Dinge, für die ich mich nicht interessiere, da ist nichts zu machen. Aber wenn mich was interessiert hat: Die Fächer hätte ich rund um die Uhr haben können. Im Tausch gegen die, bei denen ich nichts begriffen habe. Leider gab es von Letzteren zu viele.

So zwischen meinem 15. und 17. Lebensjahr war ich ein richtiges Sackerl. Ich habe extrem viel Scheiße gebaut. Meine Eltern waren natürlich verzweifelt. Nach der Schule – wenn ich mal in der Schule war – bin ich nach Hause gekommen, habe Musik angemacht und angefangen zu kochen. Zum Beispiel Pasta mit Fertigsauce. Bei den Saucen schmeckte ich meistens sehr schnell, dass mir irgendwas daran nicht schmeckte. Und ich hatte das Gefühl, ich wüsste ganz genau, was fehlte oder was ich verändern musste, damit sie besser schmeckten. Viel besser.

Ich habe ständig rumexperimentiert. Probiert. Schmeckte es besser als vorher, wollte ich, dass es noch besser schmecken sollte. Aus dem Verbessern wurde schnell das Kreieren eigener Gerichte. Dass ich

Selbst geangelt – und gekocht – schmeckt's am besten.

Ein Genießer war ich schon in ganz jungen Jahren.

hier Tag für Tag etwas anging, bei dem spürbar war, dass ich es mit großer Leidenschaft machte, blieb in der Familie natürlich nicht unbeobachtet. Ich war 16 Jahre alt, als meine Mutter auf mich zukam und mir direkt ins Gesicht sagte: „So geht es doch nicht weiter. Jeden Tag stehst du hier am Herd." Ich dachte schon: Was kommt denn jetzt? Sie fuhr fort: „Das macht dich doch total glücklich. Willst du nicht irgendwas mit Kochen machen?"

Alles anders als geplant

Ich habe ein paar Tage gebraucht, um mich damit auseinanderzusetzen. Ehrlicherweise habe ich es als gesellschaftlichen Druck empfunden, etwas Bestimmtem entsprechen zu müssen. Wenn in deinem Umfeld alle studieren, musst du dann nicht auch studieren? Aus heutiger Sicht würde ich jedoch sagen: Meine Mutter hat mich schlichtweg ertappt. Sie hat genau das angesprochen, was ich wirklich wollte. Denn wie gesagt: Wenn mich etwas interessiert, will ich es rund um die Uhr machen können. Immer auf der Suche, immer mehr dazulernen, immer mehr verbessern. Weil ich nie zufrieden war und bin mit dem, was ich bislang konnte.

Meine Mutter hat mich schlichtweg ertappt. Sie hat genau das angesprochen, was ich wirklich wollte.

Ich habe dann die HTL abgebrochen und mich bei Werner Matt beworben, einem Witzigmann-Weggefährten, Küchenchef des Hilton-Hotels in Wien, der einst mit seinem Sternerestaurant „Prinz Eugen" die Küchenlandschaft Österreichs vollkommen verändert hatte. Ein Gourmetstar in meinem Heimatland.

Er hat meine Zeugnisse angesehen und mir beim Vorstellungsgespräch gesagt: „Mit solchen disziplinarischen Anmerkungen traust du dich, dich hier zu

Mein Traum wurde wahr: eine Ausbildung zum Koch im Hilton Vienna Plaza.

bewerben?“ Damals gab es viel mehr Bewerber als Ausbildungsplätze. Er hätte so viele andere in dem Jahr als Auszubildende aufnehmen können. Doch kurz darauf begann ich meine Ausbildung.

Fünf vor zwölf

Schon bald kamen erneut Zweifel in mir auf. Menschen, von denen ich dachte, ich sei mit ihnen befreundet, gaben mir das Gefühl, etwas Schlechteres zu sein als sie selbst und ihr Umfeld. Das muss man sich vorstellen: Ich musste um fünf Uhr aufstehen, dann bis spät in die Nacht arbeiten. Hatte keine Zeit für Privatleben und nahezu kein Geld. Und die paar sozialen Kontakte, die ich hatte, gaben mir das Gefühl, dass ich ein Depp sei – das war echt heftig. Ich habe manches Mal ans Hinschmeißen gedacht.

Die Ausbildungsmaßnahmen waren ja auch noch andere als heute. Nicht nur der Ton in der Küche war harsch. Das war hart. Aber für mich als disziplinarisch verbesserungswürdigen Auszubildenden war es genau das Richtige. Und ich wusste: Es ist fünf vor zwölf. Das ist eine Chance, die du nicht versemmeln darfst. Ich dachte an die Lehrer, denen ich es zeigen wollte. An die Pseudofreunde, die sich für was Besseres hielten. Ich zog meine Ausbildung bis zum letzten Tag der drei Jahre durch. Für meine Eltern unglaublich und bestätigend zugleich: Ich hatte so sehr die Bestimmung für mich gefunden, dass ich auf der Berufsschule auf einmal nur noch Einser hatte.

Das Ziel im Visier

Ich bin Werner Matt heute noch so dankbar. Uns verbindet eine tiefe Freundschaft und er verfolgt meinen Berufsweg sehr genau, sammelt jeden Artikel, den er über seinen einst so disziplinlosen Schüler finden kann. Er hatte mich von Anfang an nicht abgestempelt, weil es diese Beurteilungen von meinen Lehrern gab. Ich sage immer etwas dramatisch: „Mir wurden die Kniescheiben gebrochen, um neu gehen zu lernen." Oder anders ausgedrückt: Er hat meine Einstellung zum Leben neu geformt. Der Hundewelpe, der noch tapsig mal nach links, mal nach rechts schwankte, lernte, auf sicheren Beinen zu stehen. Der Hallodri, der nicht wusste, wohin mit seiner Schludrigkeit, bekam auf einmal ein Ziel aufgezeigt.

Nach der Ausbildung musste ich erst einmal zum Bundesheer. Ich kam nach Allentsteig, in eine, so sagte man, strenge Kaserne. Nach der Ausbildung bei Werner Matt war das wie Ferien auf dem Bauernhof. Geradezu Pillepalle. Es folgte eine Bewerbung bei Reinhard Gerer. Vier Hauben. Ein Michelin-Stern. Ein sensationeller Koch. Von ihm habe ich unsagbar viel gelernt. Er ist bis heute ein großes berufliches Vorbild. Einmal nahm er mich mit nach Berlin ins Ritz, wo wir als Gastköche für Wolfram Siebeck an dessen 80. Geburtstag kochten. So stand ich Seite an Seite mit richtigen Kapazundern wie Amador, Redzepi, Elverfeld, Ruscalleda. Die Chance, mit ganz Großen der Zunft in Berührung kommen zu können und vom Gerer jeden Tag besser gemacht zu werden, hat mich regelrecht gepusht. Ich habe Posten und Hierarchien übersprungen, weil er mein Talent erkannt und gefördert hatte. Schließlich hat er mich zum Souschef in seinem Restaurant K47 gemacht, als ich selbst eigentlich dachte, dass ich noch weit davon entfernt wäre, so jung zu so einem Posten zu kommen.

Von den Hauben zum TV

Und kurze Zeit später, 2011, wurde ich Küchenchef der Albertina Passage in Wien. 15 Gault-Millau-Punkte, zwei Hauben, ein Kultrestaurant, schwer zu begreifen, wenn man nicht selbst schon einmal dort war. 210 Sitzplätze unter der Erde Wiens. Ein so großes Restaurant mit so hohen Bewertungen im Gault Millau findet man nicht so oft in Österreich. Mehr ging nicht. Und dann bin ich auf einmal beim Fernsehen gelandet. Der ORF hatte eine Menge Köche aus Wien zu einem Casting für eine Kinderkochsendung eingeladen, zum ersten Mal stand ich vor einer Fernsehkamera. Links und rechts von mir jeweils ein Kind, das ich zum Kochen animieren sollte. Ich war mir sicher, wie ich die beiden kriegen würde, und sagte nach links: „So und jetzt machen wir deine Lieblingspizza!" Die Antwort war ernüchternd: „Ich mag keine Pizza!" Und nach rechts: „Dann für dich eine leckere Pasta!" „Ich hasse Nudeln!" Ich kann mir bis heute nicht erklären, wieso man mich danach ausgesucht hat, „Schmatzo", den Koch-Kids-Club, im ORF und KiKA zu moderieren. Aber das führte dazu, dass ich später bei der „Küchenschlacht" und bei „Kerners Köche" im ZDF gelandet bin. Und jetzt mein erstes Kochbuch machen durfte, das ihr dankenswerterweise in der Hand haltet. Durch meine kleine Lebensgeschichte hier und hoffentlich auch durch meine Rezepte habt ihr mich ein wenig besser kennengelernt. Ich würde mich freuen, wenn ihr je nach Zeit und Laune das ein oder andere aus diesem Buch nachkochen würdet.

Konzentriert bei der Arbeit im Restaurant

Register

G/H

I/J

K/L

S

T

U–Z

Danke …

Es gibt zwei Menschen, die immer an mich geglaubt haben. Immer. Auch in schwierigen Situationen. Das versteht man als Kind oder Jugendlicher manchmal nicht, das aber später zu begreifen, macht mich glücklich. Also danke, Mama und Papa.

Ebenso ein großes Danke meinen Großeltern, besonders der Loicher-Omi, die schon immer gesagt hat: „Der Xandel wird's schon machen."

Meine Freundin Julie war für das gesamte Buch die wichtigste Ratgeberin, Testerin, kritische Begleiterin. Ich hab sie mit so vielen Fragen gelöchert und bin mit so gescheiten Antworten belohnt worden. Ganz großes Dankeschön für diesen Beistand!

Meiner Schwester und meinem Bruder: Rückenfreihalten und Helfen sind unfassbare Stärken von euch – und unser Zusammenhalt ist etwas ganz Besonderes.

Meinem Lehrmeister Werner Matt: Bevor ich zu ihm kam, war ich ein Hallodri. Er hat mir gezeigt, dass man, wenn man ein Ziel erreichen will, auch einmal in den sauren, manchmal ungenießbar sauren Apfel beißen muss.

Meinem zweiten Lehrmeister Reinhard Gerer, den ich unfassbar schätze, allein schon für den Feinschliff und den Ansporn, kreativ zu denken. Beides hat er mir immer wieder ans Herz gelegt. Dafür werde ich ihm immer dankbar sein.

Ein wichtiger Baustein dafür, wo ich jetzt bin, wie ich koche und arbeite, ist mein langjähriger Souschef Reinhard Haas. Wir sind Brüder und Freunde im Geiste, die sich gegenseitig befruchten und inspirieren. Es ist richtig cool, mit dir zu arbeiten!

Dem ZS Verlag, besonders Eva, Gerti und Jürgen, für die großartige Zusammenarbeit an diesem ersten Baby. Eure Erfahrung ist groß, eure Größe ist aber auch, einem Grünschnabel wie mir die Freiräume zu geben, die ich brauche.

Christian Löwendorf für das Zusammenbringen mit ZS, das Polieren der Texte und den Austausch, wann immer ich ihn in den letzten Monaten brauchte.

Wolfgang Schardt und Roland Geiselmann für die wunderbaren Foodfotos.

Eva Wahler vom ZDF. Philip Morawietz und Uschi Herbstler. Harriet Frey vom ORF und Thomas Brezina. Leonie Birkel-Richter vom KiKA. Markus Heidemanns, Bent Liebscher und Christian Schulz von den Fernsehmachern. Ohne euch hätte ich als Fan von Kochen im Fernsehen niemals im Fernsehen kochen dürfen.

Sebastian Buchinger, Kathrin Eulgem, Deborah Salamon und Nicole Wilms: Ihr begleitet mich beruflich, unterstützt, beratet, spornt an und habt dafür ein ganz großes Dankeschön verdient.

Und nicht zuletzt allen, die belächelt haben, dass ich Koch werden wollte: Ihr wart mein größter Antrieb.

Impressum

Kaiserstraße 14 b
D-80801 München

ISBN 978-3-89883-812-2
4. Auflage 2022

Projektleitung: Eva-Maria Hege
Texte: Christian Löwendorf
Lektorat: Gerti Köhn
Grafisches Konzept: ZERO Werbeagentur, München;
Melville Brand Design (Florian Brugger)
Grafische Gestaltung & Satz: Irene Schulz, Eva Gotthardt
Fotografie: Wolfgang Schardt (außer: S. 5, 160–163 (Privatarchiv
Alex Kumptner), S. 147 (M. Neubauer/Foodstyling M. Weyer))
Foodstyling: Roland Geiselmann
Herstellung: Frank Jansen
Producing: Jan Russok
Druck & Bindung: optimal media GmbH, Röbel

Kurze Wege schonen die Umwelt
Dieses Buch wurde in Deutschland gedruckt

Im Buch enthaltene Foodfotos können zur eigenen Nutzung erworben
werden unter www.stockfood.com

ZS - ein Verlag der Edel Verlagsgruppe
www.zsverlag.de | www.facebook.com/zsverlag

Take it
easy
and